习惯觉醒
情商力

〔日〕花丸学习会 著
徐珂娜 译

海天出版社
·深圳·

版权登记号 图字 19-2020-063 号

12 SAI MADE NI MINITSUKE TAI NINGEN KANKEI NO KOTSU
Copyright© 2018 Hanamarugakusyukai
Chinese translation rights in simplified characters arranged with JMA MANAGEMENT CENTER INC.
through Japan UNI Agency, Inc., Tokyo

图书在版编目（CIP）数据

情商力 / 日本花丸学习会著；徐珂娜译. — 深圳：海天出版社，2021.9
（习惯觉醒）
ISBN 978-7-5507-2941-4

Ⅰ. ①情… Ⅱ. ①日… ②徐… Ⅲ. ①情商－少儿读物 Ⅳ. ① B842.6-49

中国版本图书馆 CIP 数据核字（2020）第 108703 号

情商力
QINGSHANG LI

出 品 人	聂雄前
责任编辑	邱玉鑫
责任技编	陈洁霞
责任校对	万妮霞
项目统筹	米　克
封面设计	王　佳

出版发行	海天出版社
地　　址	深圳市彩田南路海天综合大厦（518033）
网　　址	www.htph.com.cn
订购电话	0755-83460239（邮购、团购）
设计制作	米克凯伦（深圳）文化传媒有限公司
印　　刷	中华商务联合印刷（广东）有限公司
开　　本	787mm×1092mm　1/32
印　　张	4.75
字　　数	106 千
版　　次	2021 年 9 月第 1 版
印　　次	2021 年 9 月第 1 次印刷
定　　价	39.80 元

版权所有，侵权必究。
凡有印装质量问题，请与本社联系。

正文 讲解"人际关系"十大秘密。

图解 采用插图形式，使"正文"内容以及"人际关系"的相关要点和建议更简单易懂。

本书使用说明

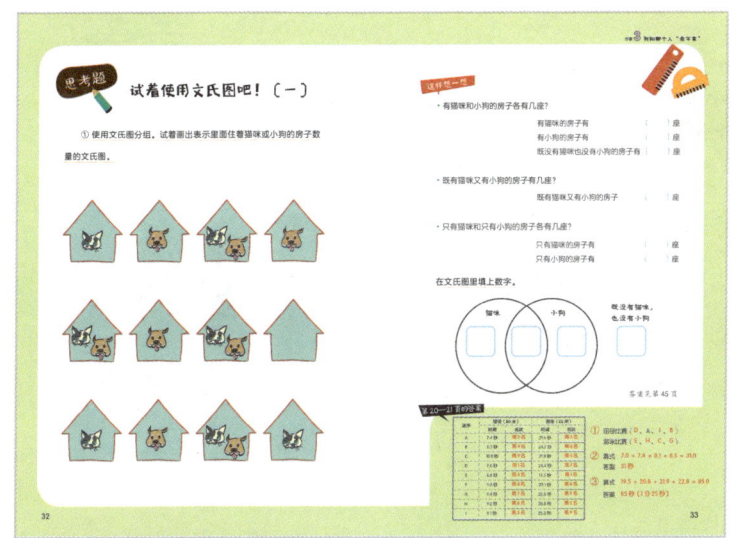

思考题 每个步骤结束后，附有相关的小测验。一边思考自己的内心想法，一边试着做一做吧。

登场人物介绍

小刺猬

认真且温顺的女孩子。不擅长表达自己的感受。

小松鼠

漂亮又话泼的女孩子。和小刺猬是好朋友。

鼬同学

组织能力很强的男孩子。担任班级委员。

跳鼠同学

潇洒又幽默的男孩子。爱好读书。

小仓鼠们

每天都在一起的友好三人组。

还有其他许多好朋友登场哟。

花丸老师

本书作者。教授人际关系秘诀的老师,十分亲切。

前言

我想请问拿到这本书的你，现在有没有为人际关系而感到烦恼呢？即使现在没有，由于在学校要长时间与众多同学相处，未来也一定会因为"人际关系"而"碰壁"的吧。

实际上，因为人际关系而烦恼的，并不仅仅是你们这些孩子，要知道，排在成年人烦恼榜第一位的，也是人际关系哦。比如在公司工作的人，往往因为"虽然喜欢这份工作，可是跟同事中的某位前辈不能友好相处，不想跟他一起工作"，就会把自己很喜欢的工作辞掉。

我们成年人也好，你们孩子也好，既然生存在这个世界上，就注定不能独自地生存下去。不论是在学校里学习，还是在家里、公司里，又或者在购物的地方、旅行的地方，但凡我们有所行动，那身边一定会有他人存在。

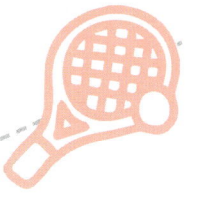

有时我们可能会觉得"这个人我好喜欢呀",然而,有时我们又会感到"这个人相处起来很麻烦啊"。

既然生存在这个世界上,我们就注定要生活在鲜活的人际关系中。虽然有的时候也会受到伤害,但是正因为有了和各种各样的人的交往体验,我们的心胸才不断变得宽广,我们的思想也不断变得深刻。

身为成年人的我,也有着不少人际关系方面的烦恼。因此,在这本书里,与其说是教授给你们克服人际关系障碍的方法,倒不如说是与你们一起思考这些方法,在日常的人际交往中培养自己的情商力,这也是这本书的最终目的。"所谓朋友,究竟是什么?""交朋友是很有必要的吗?""为了和朋友友好相处,我们需要做出哪些努力?"接下来,就让我们逐一地来解答这些问题。

目录

序幕 …………………………………………… 1

步骤 1 "朋友"是什么 …………………………… 3

步骤 2 为什么一定要和全班同学友好相处 …… 13

步骤 3 我和那个人"合不来" ………………… 23

步骤 4 吵架是万万不可的吗 …………………… 37

步骤 5 不小心伤害到朋友了 …………………… 49

步骤 6 不赞同"少数服从多数" ……………… 61

步骤 7	男生和女生一起玩会被嘲笑 …………… 73
步骤 8	很在意别人是怎么看待我的 …………… 83
步骤 9	人际关系的问题有标准答案吗 …………… 95
步骤 10	"即使这样，我们仍要寻找朋友"的理由 ……… 107

结语 …………… 118

后记 …………… 120

附录　给家长的话 …………… 121

步骤 **1**

"朋友"
是什么

怎样可以算是"朋友"呢?

"我们是朋友吧？"是否有人对你讲过类似的话？或者在学校里，你是否也写过以"同班的朋友"为题目的作文？

每当这时，总有人会因为这样那样的原因而感到烦恼、困惑。比如，"其实，我真的没办法喜欢那个家伙"，又或者"在班上并没有好朋友，我是个怪小孩吧"。

在这里，我首先想告诉大家的是，在任何时候，决定对方能否成为我们朋友的人，并不是学校的老师或者身边的同学，也不是我们的家人，而是我们自己。你们并不需要被旁人一句"不这样做不行"所束缚。希望大家记住，即使是这本书，也并非是正确无误的标准答案。

"无偿"与"对等"的关系

我所理解的"朋友",应当是一种"无偿"且"对等"的关系。

当你难过的时候,哪怕只有一个人可以无偿地,也就是在他不会有任何获益的前提下,来支持你,那么,我相信,你就能够将自己的人生之路坚定地走下去了。

其次是"对等",也就是说,彼此间互相是朋友,这点是很重要的。比如,"某某同学总会愿意听我所有的倾诉",而我却"不愿意听某某同学讲话",那么,这种关系毫无疑问是不能继续下去的。相反,"为了某某同学,我愿意伸出援手""为了某某伙伴,我愿意献出自己的力量",彼此间能产生这样的体谅,才是重要的事情。

什么是"无偿"的关系呢?

这是一种当朋友在搬运重物时,你会主动想到"让我帮你一起搬吧"的关系。

这是一种当朋友感到悲伤时,你会主动想到"好想去安慰她"的关系。

什么是"对等"的关系呢?

每当看到小松鼠不甘落后的样子,都会想要给她加油鼓劲儿!

小刺猬对我一直很贴心!

想让敏感的小刺猬多露出一些笑容。

这是一种彼此间非常均衡的关系。

小松鼠总是邀请我一起玩游戏!

　　有时，朋友关系在某天突然就瓦解了，因为人们的心是变化着的。也许是你的原因，也许是对方的原因，朋友关系就这么瓦解了。但是即使这样也没关系，因为总有一天，你还会再次遇见那种让你发自内心能够信赖的朋友。朋友关系就是这样：建立，瓦解，再建立……也正是这样，人际关系才得以发展下去。

　　反过来，你在目前的小学阶段感到很难相处的同学，却可能在初中、高中、大学，甚至成年后重逢时让你感到相见恨晚。这其实是常有的事，因为伴随着年岁增长，你和对方的心灵都在发生变化啊。

　　在此希望大家记住的是，朋友关系从来都不是一成不变的。

你的和我的最好的朋友

我有一个从幼儿园开始就一直很要好的朋友。虽然偶尔也会吵架,但最终还是跟他最合拍。今后直到永远,他也一定会是我最好的朋友。

虽然在班上也有朋友,但是我最好的朋友是一起上游泳课的男孩子,尽管学校不同,年龄也不同。他游泳游得比任何人都快,所以我还有"竞争对手"哩。

我的好朋友是在居委会开会时认识的。因为偶尔会坐在一起,我们就开始聊天,结果发现很合得来。现在两个人就经常一起出去玩。虽然我们小时候就住在同一条街,却是在人到中年时才相识的,说起来也是不可思议啊。

我和我的高中同学一直关系很好。现在彼此距离很远,但是会通信,偶尔也会一起出去旅行。我们之间的友谊已经快 30 年啦。

 **你和朋友的兴趣爱好是什么呢？**

你和朋友是怎样认识的呢？

来填写一下你们各自的兴趣爱好吧！

① 你喜欢的事物有哪些呢？写下来吧，越多越好。

步骤 **1** "朋友"是什么

② 好朋友喜欢的事物是什么呢？采访一下他。

③ 你们两人共同的爱好又是什么呢？

步骤 2

为什么一定要和全班同学友好相处

全体友好相处！

虽然在同一个班级，也不一定就是"朋友"吧。

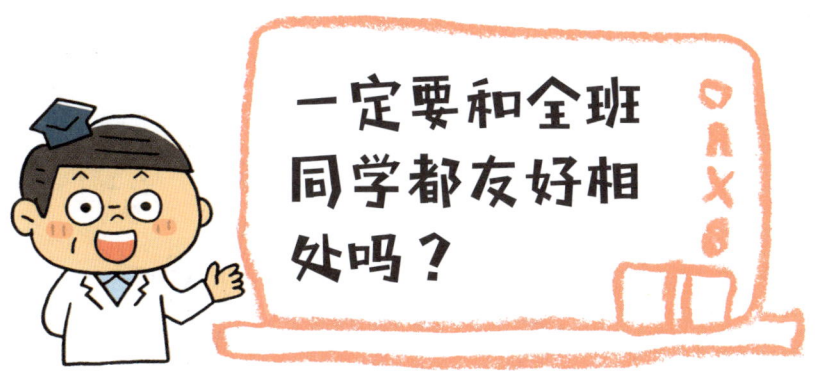

"活力的3班,友好的3班,大家一起快乐向前冲!"

"在学校里,和全班同学都成为好朋友吧!"

"和大家友好相处吧!"

像这一类的班级目标,的确是很常见的吧。

话虽这么说,但当回顾步骤1所讲的和"朋友"相关的内容时,就会发现,其实并不存在跟任何人都能够建立起"无偿且对等的关系"的人。此外,能决定谁是你朋友的也不是外界和他人,而是你自己的心。

那么,学校里的老师为什么要设定这些目标呢?

这是因为我们通常都将"朋友"和"伙伴"这两个词混用。

如果将这两个词分开来考虑的话又会怎样呢?

"朋友关系"是由自己的心决定的、个人的关系。
"伙伴关系"是具有同一目标的合作关系。

比如,在运动会和音乐会上,或者班会活动中,有某个确切的目标时,如果大家不能团结协作,那么目标就很难达成。这时,即便觉得对方不好相处,也必须要去跟他交流。而这种合作关系,在学校老师看来,就是"伙伴""朋友""友好"这些词所表达的关系。事实上,在这种情况下,虽然"伙伴"关系是很必要的,但"朋友"关系却不必强求。

把"朋友"和"伙伴"这两个词分开考虑

朋友

不需要特殊的理由,也会一起快乐地玩耍。

伙伴

为了实现办好年级板报之类的目标,即使是经常和你吵架的同学也要一起合作。

"伙伴"们齐心协力,就能做成大事!

靠自己一个人或者朋友几个人很难完成的大事,有了众多"伙伴"的团结协作,就能顺利完成。

要团结协作，社会才能运转！

大家所购买的很多商品，是经过公司里面的工作人员不断商讨、试验才最终做成的。

大家所食用的蔬菜，是经过农民伯伯的种植、司机先生的运输，以及商店老板的售卖，才最终来到你们身边的。

大家所居住的社区，是因为有邻居们共同的打扫、绿化，才变得如此整洁美观的。

在今后,你还会遇见更多的人。而你也一定会和许多有不同想法的人成为"伙伴",一起工作。

当然,对成年人来说,也会有"合不来的人",但是你不能因此就说"我不想跟这个人一起工作"。因为,你们在一起工作并不是因为是"朋友",而是因为有共同的目标。

即便是需要一个人埋头钻研的工作,或只要面对计算机就能完成的工作,如果完全与外界脱离联系,也是很难进行的。因此,"伙伴"这种人际关系,在你踏入社会之后,会成为你丰富生活的重要助力。

而作为那之前的练习,大家在学校里便会接受"全部人都要友好相处"的教育了。

# 选出合适的运动选手！

从 A 到 I 这九名选手中，分别选出四名选手参加田径、游泳接力赛。

因为两项比赛在同一天的同一时间进行，所以每人只能参加其中一项。

选手	田径（50米）		游泳（25米）	
	时间	名次	时间	名次
A	7.4 秒		21.6 秒	
B	8.5 秒		24.7 秒	
C	10.0 秒		21.9 秒	
D	7.0 秒		24.4 秒	
E	8.8 秒		19.5 秒	
F	9.8 秒		23.1 秒	
G	9.4 秒		22.8 秒	
H	9.2 秒		20.8 秒	
I	8.1 秒		25.0 秒	

步骤 **2** 为什么一定要和全班同学友好相处

①如果决定让A参加田径比赛,那么剩下的选手中派谁上场,才能组成参加田径比赛的最强队呢?

这样想一想

首先,将左边表格中各位选手的田径、游泳成绩按照名次排列。

田径比赛(、A、 、)
游泳比赛(、 、 、)

②田径接力赛规定,选手四人,每人要跑50米。

那么,①中选出的四位选手完成比赛总共要用多少秒呢?

算式

答案

③游泳接力赛规定,选手四人,每人要游25米。

那么,①中选出的四位选手完成比赛总共要用多少秒呢?

算式

答案

答案见第33页

步骤 3

我和那个人 "合不来"

并不是每个人都喜欢足球。

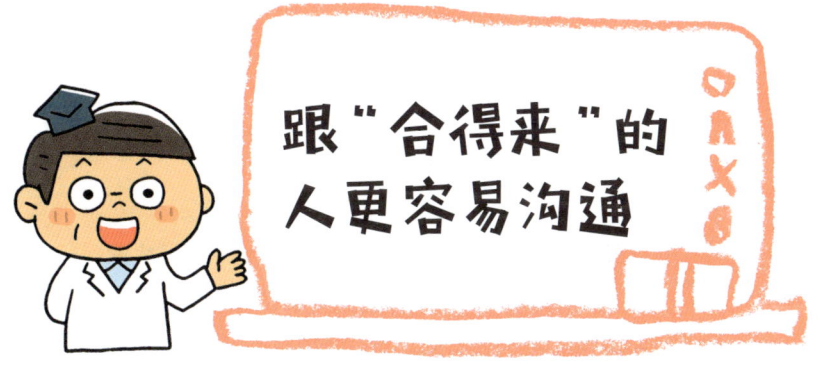

跟"合得来"的人更容易沟通

大家都知道"十个人十个样"这句话吧？它的意思是说，如果有十个人，那也就意味着会有十种思想。当然，话虽这么说，一旦我们真正遇上与我们意见相左的人，还是会忍不住嘀咕"那个人，是有点儿怪呀"。人类就是很畏惧"不同"与"变化"的生物啊。

我们每个人都有着"自己"与生俱来的人格（包括体格）。

我们总是以"自己"为基准去观察世界，思考问题。

因此，多数情况下，我们从与自己兴趣、观念相似的人那里获得安全感，也与这些人变得亲密友好。另一方面，当我们遇见与自己兴趣、观念完全相异的人，我们就会感到自我遭到否定，心生不安。

很难跟与自己不同的人做朋友吗？

喜欢读书的跳鼠同学和
喜欢足球的鼬同学

我想邀请跳鼠同学来一起踢足球。跳鼠同学应该也觉得"大家一起玩才更有意思吧"。

我明明就喜欢自己看书，他们却都以为我"天天一个人似乎很孤单"，真烦。

"话匣子"小松鼠和
文静的小刺猬

虽然小松鼠总会说很多有趣的事给我听，可她有时候太自说自话了，都不听我讲话。

小刺猬也真是的，总不爱说心里话。要说就说嘛，吞吞吐吐的，我有时都不耐烦了。

因为每个人擅长与不擅长的事情不同，所以有时就会产生分歧。

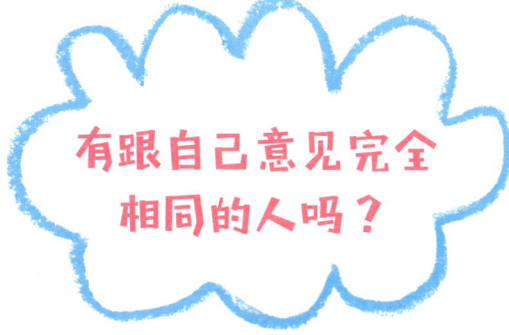

像我们在步骤2所讲的那样,有些人可以作为一起团结协作的"伙伴",却没必要一定要成为"朋友"。但需要注意的是,如果你因为"合不来"就放弃跟很多人交往,那么你的世界也会变得越来越窄。

不仅限于人际关系,这在思想、学习、工作等多个方面同样适用。世界上很难有跟你百分之百合得来的人。如果你因为"他这个地方跟我合不来,她那个地方又跟我合不来"就在心里筑起一道道墙,那么你生存的空间势必日渐狭小,最后自己也会痛苦不堪。

换一种思路,学会积极面对,学会吸收跟自己不同的思想,难道不是可以让我们的世界更加宽广,让我们的交际更加活跃吗?

表达自己的意见也很重要

在倾听对方意见的同时，向对方清楚表达自己的意见也同样重要。

那些认为"谁都不愿意理解自己"，从而把自己封闭起来的孩子也很常见。但是，正因为每个人想法各异，你越是把什么事情都闷在心里，别人才会越不理解啊。

"万一我的想法遭到否定，那可怎么办呀……" 这是我们每个人都会有的不安。

而克服这种不安，像说出"我的观点是这样的"这样明确表达自己的本意的做法，正是建立人际关系所必需的勇气。

说出自己的意见,关系会更会加亲密!

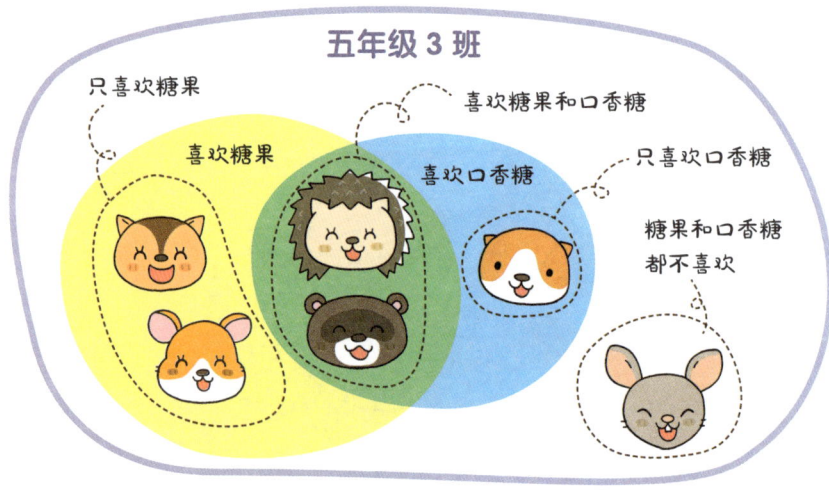

像这样，用圆圈来表示几件事物之间的关系的图，叫作"文氏图"。

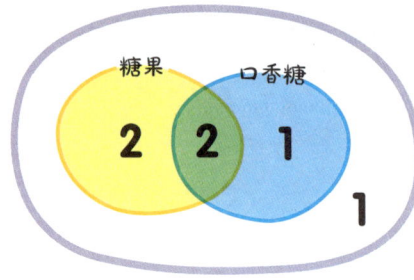

将填进去的数字表示人数的话，各种情况有几人就更加直观易懂了。

在给三组事物分类时也可以使用文氏图。

例如，下图就是表明所列举的人对糖果、口香糖和汽水这三样东西各自的喜爱程度。

A：只喜欢糖果。
B：只喜欢口香糖。
C：只喜欢汽水。
D：喜欢糖果和口香糖。
E：喜欢口香糖和汽水。
F：喜欢汽水和糖果。
G：喜欢糖果、口香糖和汽水。
H：不喜欢糖果、口香糖，也不喜欢汽水。

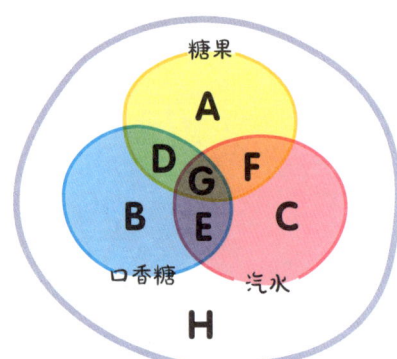

练习使用文氏图吧!

了解一下班上同学对糖果和口香糖的喜好情况。

怎样对大家的意见进行统计整理呢?

画两个交叉的圆圈,在左边的圆圈里写上喜欢糖果的人的名字,在右边的圆圈里写上喜欢口香糖的人的名字,两种都喜欢的人的名字则写在两个圆圈重合的地方,两种都不喜欢的人的名字写在圆圈外面。

思考题

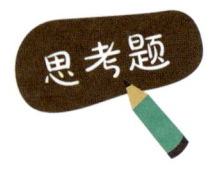

试着使用文氏图吧！〔一〕

① 使用文氏图分组。试着画出表示里面住着猫咪或小狗的房子数量的文氏图。

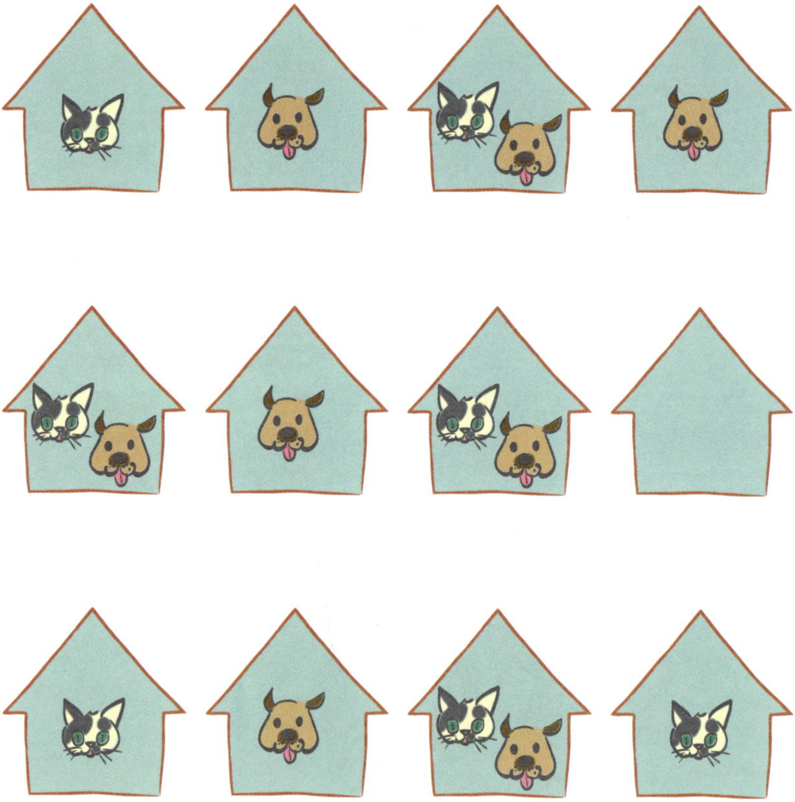

- 有猫咪和小狗的房子各有几座？

  有猫咪的房子有 （　　）座

  有小狗的房子有 （　　）座

  既没有猫咪也没有小狗的房子有 （　　）座

- 既有猫咪又有小狗的房子有几座？

  既有猫咪又有小狗的房子 （　　）座

- 只有猫咪和只有小狗的房子各有几座？

  只有猫咪的房子有 （　　）座

  只有小狗的房子有 （　　）座

在文氏图里填上数字。

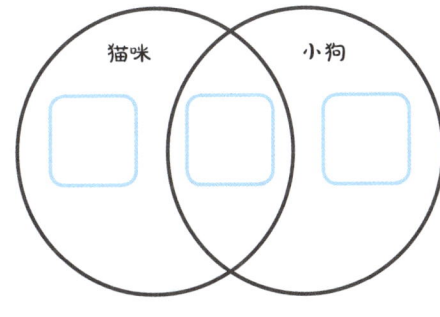

既没有猫咪，也没有小狗

答案见第45页

第20—21页的答案

选手	田径（50米）		游泳（25米）	
	时间	名次	时间	名次
A	7.4秒	第2名	21.6秒	第3名
B	8.5秒	第4名	24.7秒	第8名
C	10.0秒	第9名	21.9秒	第4名
D	7.0秒	第1名	24.4秒	第7名
E	8.8秒	第5名	19.5秒	第1名
F	9.8秒	第8名	23.1秒	第6名
G	9.4秒	第7名	22.8秒	第5名
H	9.2秒	第6名	20.8秒	第2名
I	8.1秒	第3名	25.0秒	第9名

① 田径比赛（D、A、I、B）
　游泳比赛（E、H、C、G）

② 算式　7.0 + 7.4 + 8.1 + 8.5 = 31.0
　答案　31秒

③ 算式　19.5 + 20.8 + 21.9 + 22.8 = 85.0
　答案　85秒（1分25秒）

② 使用文氏图分组。试着画出表示里面住着猫咪、小狗或兔子的房子数量的文氏图。

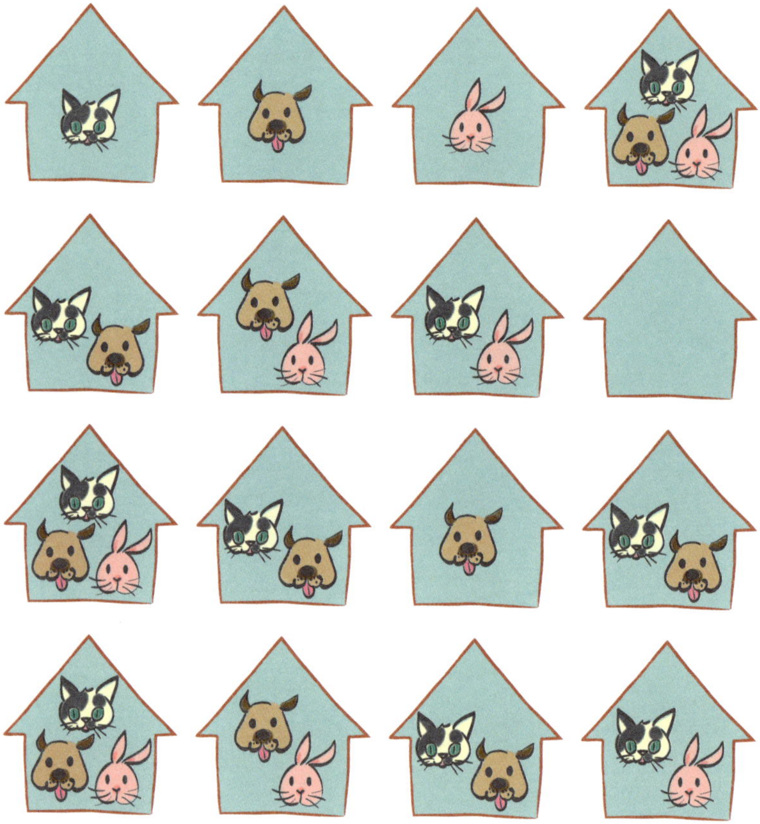

这样想一想

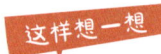

- 有猫咪、小狗和兔子的房子各有几座？

有猫咪的房子有 （　　）座

有小狗的房子有 （　　）座

有兔子的房子有 （　　）座

猫咪、小狗、兔子都没有的房子有 （　　）座

- 只有猫咪、只有小狗、只有兔子的房子各有几座?

　　　　　　只有猫咪的房子有　　　　　（　）座
　　　　　　只有小狗的房子有　　　　　（　）座
　　　　　　只有兔子的房子有　　　　　（　）座

- 同时有猫咪、小狗和兔子的房子有几座?

　　　　　　猫咪、小狗、兔子都有的房子有　（　）座

- 有猫咪和小狗但是没有兔子的房子、有小狗和兔子但是没有猫咪的房子、有兔子和猫咪但是没有小狗的房子各有几座?

　　　　　　有猫咪和小狗但是没有兔子的房子有　（　）座
　　　　　　有小狗和兔子但是没有猫咪的房子有　（　）座
　　　　　　有兔子和猫咪但是没有小狗的房子有　（　）座

在文氏图里填上数字。

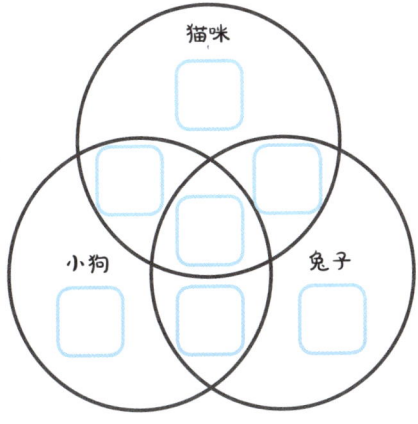

没有猫咪、小狗，也没有兔子

这样想一想

当数数很麻烦的时候，可以试试进行数学运算。"有猫咪和小狗但没有兔子的房子"数量等于从"有猫咪的房子"数量中减去"只有猫咪的房子"和"同时有猫咪、小狗和兔子的房子"以及"只有猫咪和兔子但没有小狗的房子"的数量。

答案见第 45 页

步骤

吵架是万万不可的吗

如果我说心形更好看,大家会吵起来吗?

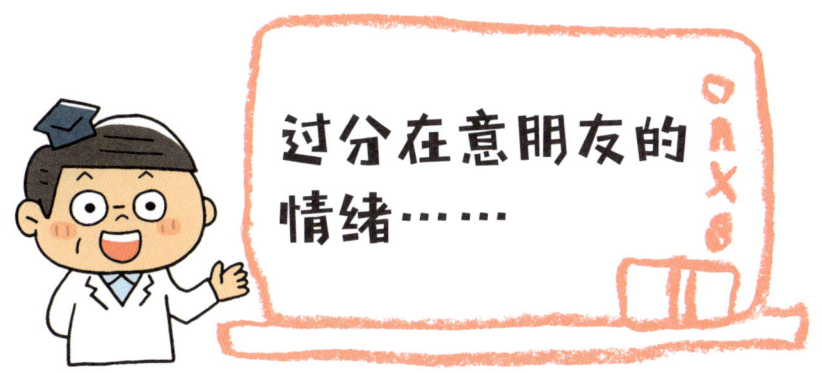

永远快快乐乐在一起,绝不会吵架!

理想的朋友大概就是这样子吧。

彼此相处得来是一件很棒的事情。而一旦发生意见冲突,尽量避免争执,采用温和的方式化解,才是成熟的应对方法。

但是由于过分畏惧吵架,而不敢说出自己的真实想法,过分考虑对方的情绪,这种情况也是时有发生的吧。

这大概是因为大人们一旦发现孩子们在争吵,就会立即说"不能吵架"来制止,孩子们才会主动避免吵架这件事吧。

你会对好朋友感到疲倦吗?

下个星期天,我们三个人一起玩吧!

我要去!

每次都是我邀请她们两个,会不会是因为她们俩都不想跟我玩呢?

我有想要私下商量的事情,所以并不想三个人一起,只是想要两个人出去。

我那天已经和小松鼠、小刺猬约好了,但是如果说出来的话,就会被大家讨厌吧?

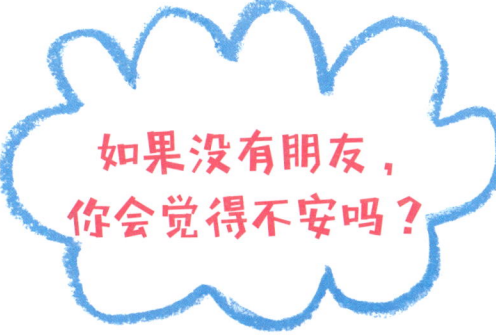

不可否认，朋友是很重要的。但是值得注意的是，我们不应该过分畏惧"没有朋友"的状态。

每个人的内心深处，都有软弱、不安的部分，因此，孤立的个体在世界上很难生存。但是，一旦不能和朋友一直在一起，自己单独待着就会感到十分不安，就意味着这种人际关系是不健康的。

就像我们在步骤 1 所讲的那样，"无偿"且"对等"的关系，是在彼此独立思考的基础上才得以成立的。

一般情况下，即便是很要好的朋友，也会出现冲突或者互相看不惯的情况。这其实都是理所当然的事情。

因此，没必要为吵架而感到困惑。当然，也不存在必须要去修复的人际关系。有时候"不打不相识"，在吵架之后关系反而变得更加亲密；也有时候，吵架过后彼此就断了联系。但这两者都不是坏事，因为朋友就是由我们彼此的内心来决定的啊。

但是即便在吵架的时候，朋友之间也还是应该互相为对方着想。如果在彼时彼刻不小心伤害到对方，就有必要针对这件事去向对方道歉。让我们留出让自己冷静、诚实地面对自己内心的时间吧！

吵架并不是"友谊的终结"!

一直关系很好,偶尔也会吵架!

并不是吵过一次架就再也不能和好。多数情况下,过一段时间后,大家又能和好如初。

也有一种关系是看起来一直在争吵,但实际上并不互相讨厌。

经常吵架并不意味着关系就不好!

可是不小心说了很过分的话怎么办?

即便对很亲密的朋友,有时也会不小心说出过分的话,而这些话可能会给对方造成很深的伤害。

 见步骤5!

思考题

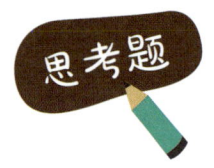

试试使用文氏图吧！（二）

① 在下列文氏图中，选出正确选项。在对戴眼镜的人和戴帽子的人进行分类的文氏图中，正确选项是 A—D 中的哪一个呢？

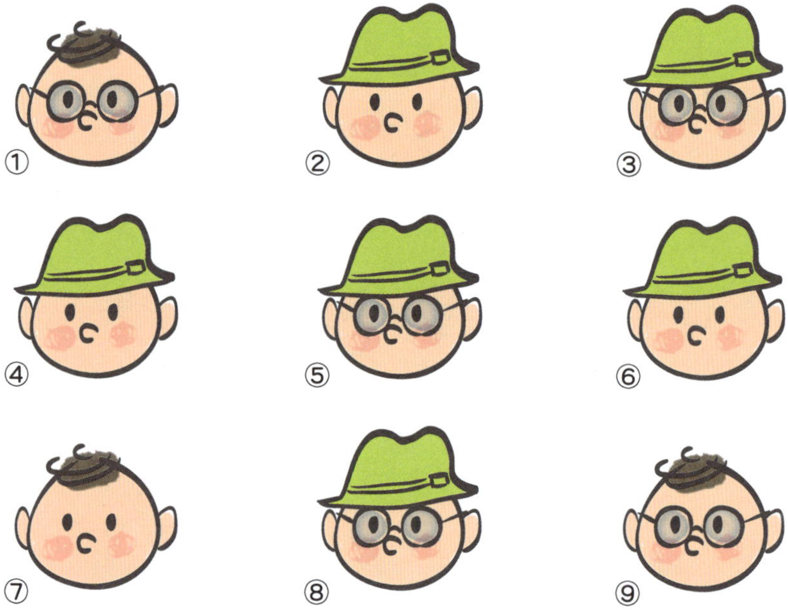

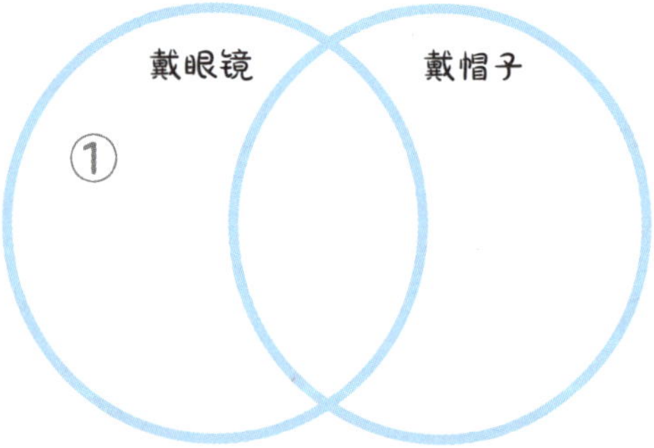

这样想一想

- 画出文氏图，选出同类的选项。

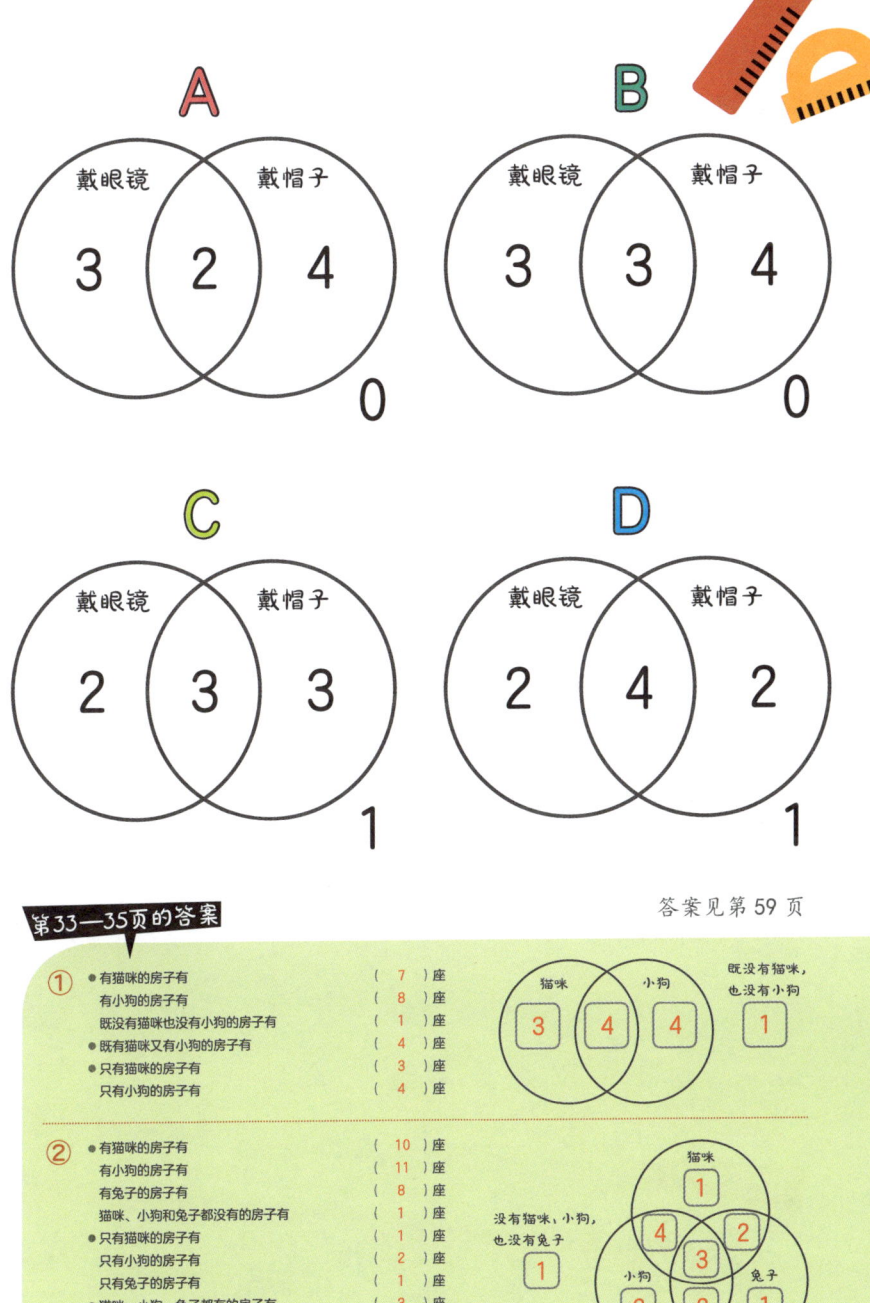

② 在下列文氏图中，选出正确选项。在对戴眼镜的人、戴帽子的人和留胡子的人进行分类的文氏图中，正确选项是 A—D 中的哪一个呢？

这样想一想

• 画出文氏图，选出同类的选项。

步骤 **4** 吵架是万万不可的吗

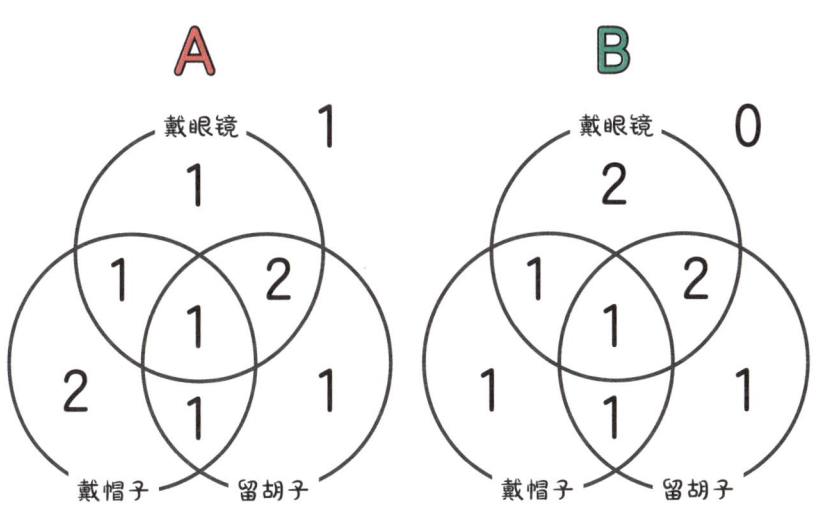

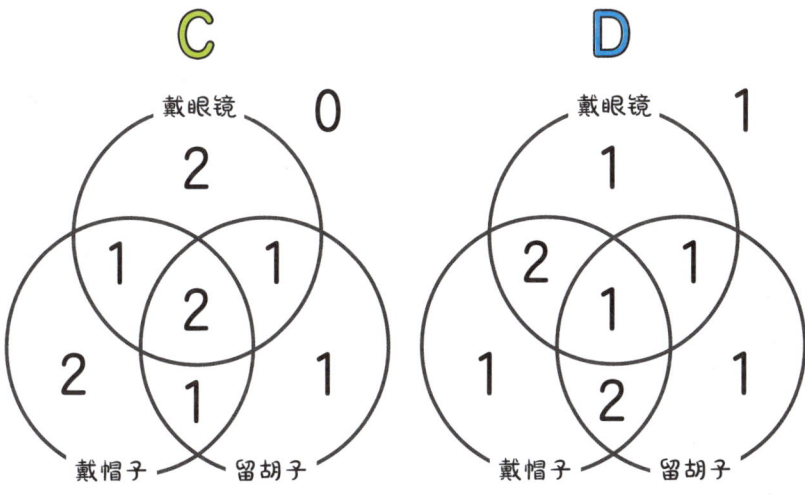

答案见第 59 页

步骤 5

不小心伤害到朋友了

我为什么会说出那种话呢……

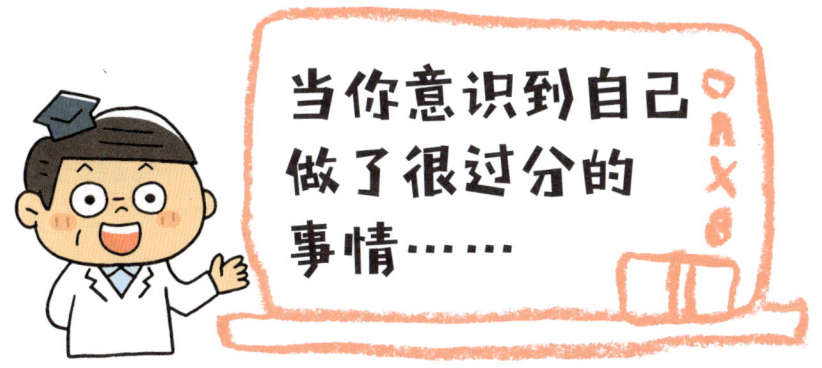

像我们在步骤 4 所讲的那样,即便在争吵的时候,最好还是做到互相体谅。但是事实上,事态并不是一直都这么理想。有时我们发生了争吵,会一气之下说出非常过分的话,做出非常过分的举动;有时我们原本只是想开一个玩笑,但却深深地伤害了对方;有时我们也会不经意就违背了彼此间重要的约定。

一旦冷静下来,就会意识到自己的错误。即使当时意识不到,待回家之后,一个人待着的时候,你也一定会后悔道:"糟糕了!"

当你意识到自己的言行举止伤害到朋友、伙伴或家人时,你会主动道歉吗?

痛苦却重要的反省时间

首先，我们必须正视自己所犯下的错误。

不过因为害羞，我们往往会忍不住想掩饰自己的过错。

但是，另一方面，如果我们不对事情的缘由进行深入反省的话，就不能表达真诚的"歉意"。很敷衍的道歉非但起不到作用，还会令对方更加生气。

而且反省的时间对我们来说也是学习的时间。因为我们会学习到今后该如何正确进行语言表达才会不伤害到对方。反之，此时如果不进行反省和学习，那么今后我们还会犯下同样的错误，还会伤害到别人。要是这样的话，不是更加丢脸吗？

首先让我们理清自己的思绪

我为什么会对小刺猬说出过分的话呢?

↓ ↓ ↓

因为有其他烦心事。

因为对小刺猬感到不耐烦。

因为觉得关系好,即便这样说也没关系。

↓ ↓ ↓

把自己的不良情绪向他人发泄是不对的。

即便自己感到不耐烦,有些话也不可以乱讲。

结果,不小心伤害到小刺猬了。

↓ ↓ ↓ ↓

生气的时候,说话也需要三思。

今后要避免同样的事情再次发生。

由衷地表达歉意

我说了很过分的话，对不起……

关于道歉的一些要点

- 承认自己做错的地方。
- 即便害羞，也要严肃对待，要认认真真地道歉。
- 要重视对方的情绪。

为什么不能获得对方的原谅呢？

之所以不能获得对方的原谅，是因为对方的心灵受到了很深的伤害，而不是因为对方小气。

如果换作是你被朋友伤害，内心十分难过，这时也不要勉强自己一定要"原谅对方"。

即便道歉,对方可能也不会原谅你。你会因为想到这些而感到不安吧。"也许他已经讨厌我了。""也许道歉的话还有可能再次激怒他。"就这样,你开始不断向坏的方面想。

如你消极的设想一样,的确存在道歉后仍不被原谅的可能。非但如此,也许你还会遭受到对方冷漠言语的攻击。更有甚者,对方不仅不接受道歉,有可能连你说的话都不愿意听。

但是当你认识到自己伤害到对方的事实,你就需要承担接受对方真实态度的责任。如果不进行道歉的话,对方和你也许会假装什么事情都没有发生,但是你们的心中却都会留下很深的芥蒂。

反省和道歉的经验会成为你的精神食粮！

但是你也不必太过惊慌。

当你充分认识到自己的错误，并发自内心地表达自己的歉意后，大多数情况下，对方还是会接受并原谅你的。诚恳的态度、避免今后再次伤害的决心都是很能打动对方的。相信他们会感受到你"充分体谅自己受伤的心情"的诚挚歉意的。

不小心讲了过分的话、不小心伤害到对方，这是我们任何人都会经历的事情。而在发生这些事情之后，认真反省、学会道歉，是很重要的经验。通过积累这些经验，孩子们才能够成长为与更多人友好相处的大人。

通过反省了解了人们的痛处

对说出很过分言语的自己感到羞愧，一想到小刺猬此刻的心情就感到很伤心，我今后再也不会犯同样的错误了。

我以后要学会在吵架的时候、在讲出过分的话之前都保持清醒的头脑。

你怎么会……嗯嗯……

你看起来很难过，没事吧？

要学会体谅受到伤害的人的心情。

我获得了反省的勇气，也可以接受对方的诚意。

之前的事，对不起……

没有，没有，我也有说得不对的地方，我们和好吧。

 **在内心深处问自己！**

①试着写出朋友曾经伤害到你的事情吧。

步骤 5 不小心伤害到朋友了

②试着写出你曾经伤害到朋友的事情吧。

第44—47页的答案

① C ② B

59

步骤 6

不赞同"少数服从多数"

步骤 6 不赞同"少数服从多数"

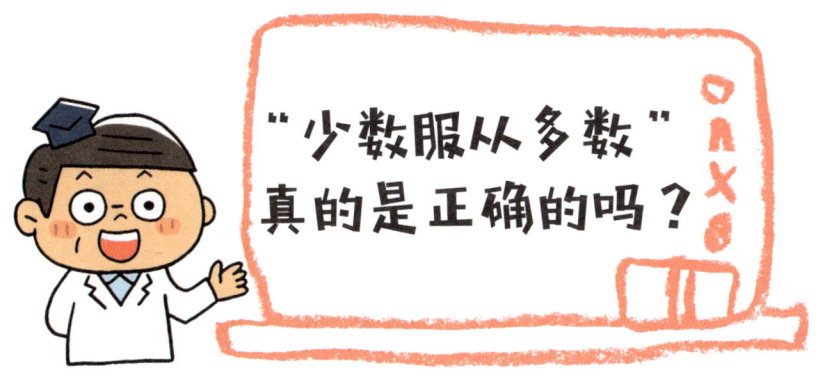

因为举办运动会，需要大家一起决定班级旗帜的图案。备选的有A和B两种图案。虽然自己更倾向于B图案，但是班里喜欢A图案的同学更多。"A图案看起来更酷""B图案看起来土土的"，这些声音不绝于耳。

班长宣布，"采用少数服从多数"来进行投票，喜欢A图案和喜欢B图案的同学各自通过举手来表达意见。

当班长说"同意A图案的人请举手"时，班里大部分同学都举起手来。这时我想起刚才听到的"B图案看起来土土的"这些话，更觉得此刻自己很难再坚持选B图案。你是否也有过类似的经验呢？

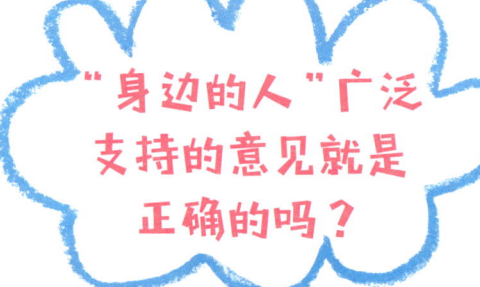

"少数服从多数"是一种用来对事情做出决策的手段。当我们必须得出某个结论时,"少数服从多数"可以征求到多数人的意见并采用。可以说,这是一种简单易行且不失公平公正的决策方法。

但是"少数服从多数"的一个前提条件应当是"每个人都进行了充分的思考"。

比如,在实行"少数服从多数"之前,我们有表达自己意见并听取对方意见的时间吗?此外,采用A图案的话,实行起来存在的困难有哪些?B图案的优点有哪些?而除了这两个图案之外,又有哪些新的提案?关于这些,我们又有充分思考的空间吗?

像之前所讲的例子一样,不知不觉中,周围就会响起多种声音。这样一来,结果就未必公平了。

实行"少数服从多数"之前先认真讨论吧

① 确定议题

今天,让我们选出运动会旗帜的图案。

② 说出自己的意见

我觉得 B 图案很可爱,很好。

③ 听取他人的意见

我认为 A 图案非常适合活力三人组。

的确,A 图案也许更好。

④ 再一次考虑究竟哪个更好

最开始是觉得 B 图案很好,后来听小松鼠一说,又觉得 A 图案更好了。

"少数服从多数"的好处

能够收集所有人的意见。

一人一票,很公平。

能够获得多数人赞同的结果。

跟我们想的一样!

"少数服从多数"的缺点

决定的事情不一定是正确的。

3组的旗帜不是模仿了六年级的设计吗?

少数人的意见遭到无视。

我就觉得B图案更好。

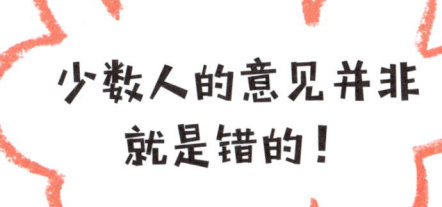

少数人的意见并非就是错的！

想一想

此外还有一点需要大家记住。即便"少数服从多数"看起来是一种公平公正的方法，但这并不意味着其结果就绝对正确。

回顾历史，不难发现，有很多事情尽管采纳了多数派的意见，却并未实现大家想要的结果。有的是因为当时多数派未能考虑到一些问题，有的是因为多数派也并未获得过半人数的支持，而有时候真理掌握在少数人的手中。也就是说，多数≠正确。

因此，即使通过"少数服从多数"做出了决定，也仍需要不断地去思考这一方案还存在哪些问题，并不断地对其进行完善。

作为"选择"的手段，高明地运用

不过说起来，要把全班 30 个人的意见都统一起来，确实不是一件容易的事情。如果轻易就能让所有人都满意的话，就没必要进行讨论了。而作为"选择"的手段，"少数服从多数"确实简单易行，而且有效。

因此，在采用"少数服从多数"之前，也要进行充分讨论。这样一来，即使未能获得自己所设想的结果，也可以坦然接受既定结果。

"那好，既然决定了 A 图案，就试试看吧！"这样痛快接受并积极面对既有的结果，学会听取跟自己不同的意见，才能促使自己成长。而在这个过程中，你不仅可以发现既定结果的优点，还可以发现它需要进行改善的地方。

步骤 ⑥ 不赞同"少数服从多数"

如果多数人的意见与自己的相反……

① 首先要尊重最终的结果

好,这次就选 A 图案吧。

仔细看,也是不错的设计。小松鼠说得也有道理。

② 提出需要改进的地方

并没有想要模仿谁,却被说成模仿六年级的设计……

把太阳周围的颜色改成彩虹的颜色怎么样?既有不一样的感觉,又更加鲜艳。

不论是少数派还是多数派,都有很多有用的意见。如何有效利用这些意见,是十分重要的。

 **"少数服从多数"的应用!**

五年级要决定在运动会上参加哪种比赛项目,由全年级一起进行投票。1—5班分别代表五年级各班级。各班级就选择足球还是篮球进行投票,结果如下:

比赛项目	1班	2班	3班	4班	5班
足球	20票	13票	22票	14票	23票
篮球	19票	24票	16票	20票	15票
其他	1票	3票	2票	5票	1票

① 先按照"少数服从多数"统计各班的投票结果,再把各班的结果按"少数服从多数"选出最终结果。哪个项目得票更多呢?用"⭕"把它画出来。

足球　　　　　　　篮球

② 将五年级全体同学的意见按照"少数服从多数"统计结果。哪个项目得票更多呢?用"⭕"把它画出来。

足球　　　　　　　篮球

③ 你认为①和②这两种方式哪一种更能让大家满意呢?试着写出理由。

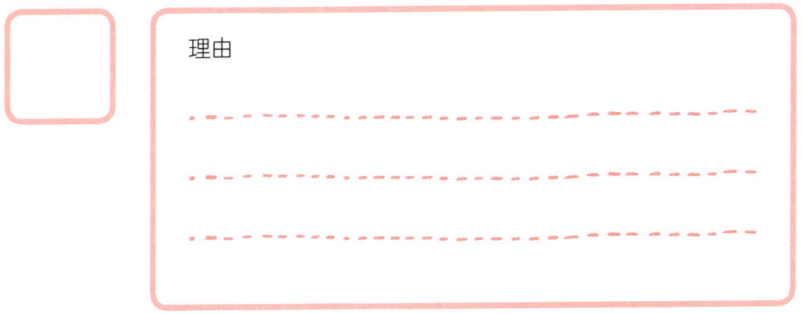

答案见第 81 页

步骤 7

男生和女生一起玩
会被嘲笑

明明只是向他借了一本书而已。

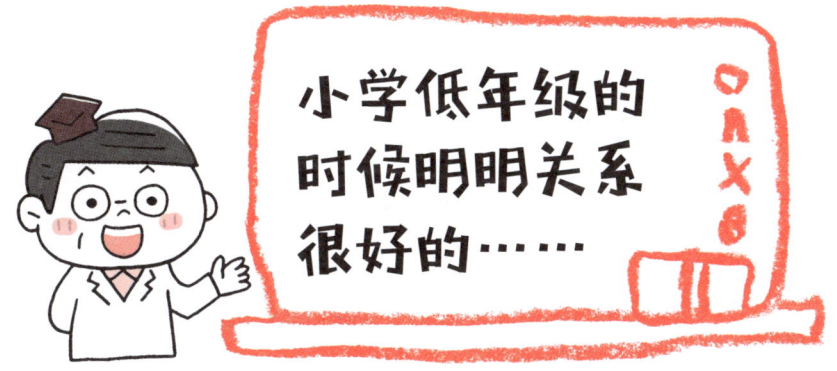

"最近,女同学 A 不是只和男同学一起玩吗?"

"好像跟我们相比,男同学 B 更爱跟女孩子玩。"

我们当中应该不乏讲过或听过这种话的人吧。

这是我们到了小学高年级阶段开始增加的一项烦恼。

在此之前,可以完全不必在意男女区别,男生和女生能够一起尽情玩耍。而到了这一阶段,男生和女生再在一起玩则变得引人注意起来。此时,有人因为"不想被别人看见自己跟异性同学一起玩"而感到烦恼;有人则因为"自己并不喜欢和同性同学一起玩,这是不是不正常"而感到烦恼。

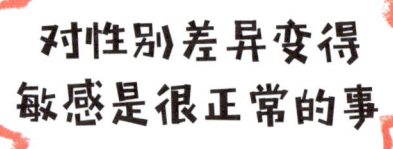

对性别差异变得敏感是很正常的事

到了小学高年级阶段,你会突然开始对性别差异变得敏感,开始有意拉开与异性的距离。不必担心,这是很正常的事情。现在的你正处于从儿童到少年之间的过渡期,也许目前的你会因为跟异性讲了几句话就害羞不已,但等再过一段时间,你就会迎来那个能够跟异性自如交往的时刻。

此外,对于当下努力拉开与异性的距离,为跟异性讲了几句话就害羞不已的你来说,一旦发现身边有人跟异性十分友好,难免就会产生"他在做不知羞的事"之类的想法。我们在接下来的步骤 8 中也会讲到,这是因为现在的你正处于一个对"与他人不同"过度敏感的时期。

儿童与少年之间的过渡期

身体特征方面逐渐开始发育。

和异性同学在一起比和同性同学在一起更紧张。

在自己与他人的关系方面,开始滋生出许多此前从没有过的烦恼。

对异性同学变得格外在意,对有的同学非常喜欢,对有的同学则特别讨厌。

也会很在意周围的同学是如何跟异性相处的。

思考方式、感受能力都是因人而异的。如果你对异性同学并没有什么特殊的感觉,也是很正常的,没有关系。

珍惜眼前的朋友吧!

当然,即使到了小学高年级以后,也是可以和异性做朋友的,这完全没有什么可害羞的。突破性别差异这一阻碍,去和更多人交流,才可以丰富人生,这是一件很棒的事情。此外,那些对和同性交往感到困惑的孩子,也不必过于苦恼,因为人的心是始终在变化着的。此刻你跟异性朋友合得来,也许在下一刻,就会跟同性朋友更加合拍。

希望大家不要过分拘泥于这些,而是要学会珍惜眼前的朋友。这样一来,周围不和谐的声音自然而然就消失了。

人际关系就是"一期一会",也就是说,是"一生当中只有一次的相遇"。因此,希望大家能够坦诚地面对自己的内心。

因为某件事，所以关系很好

因为都喜欢踢足球，所以关系很好。小松鼠很善于传球。

因为都喜欢读书，所以关系很好。跳鼠同学借给我的书，总是那么有趣。

因为都喜欢时尚，所以关系很好。我们正在聊最新一期杂志的话题呢。

畅谈未来！（上）

三个月、半年以及一年后，你希望自己掌握哪些本领？写下你的目标吧。

三个月后

半年后

步骤 **7** 男生和女生一起玩会被嘲笑

一年后

第70—71页的答案

① 足球　　② 篮球
③

① 理由
因为是班级团结的比赛项目，所以优先考虑了班级意见，再实行"少数服从多数"，所以①所述的方法更好。

② 理由
想要比拼篮球的人数更多，所以②所述的方法更好。

步骤 **8**

很在意别人是怎么看待我的

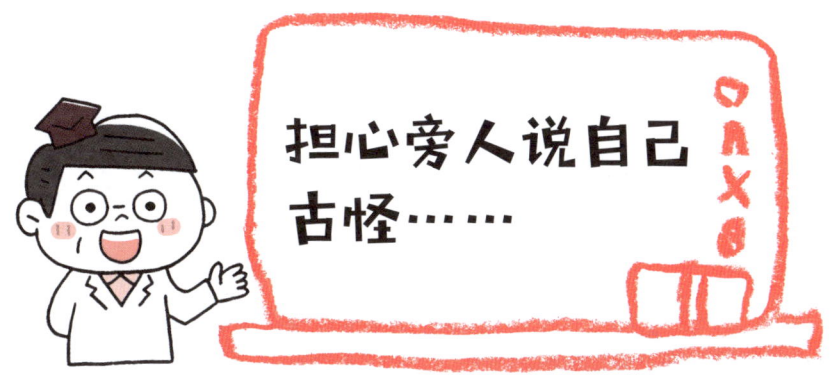

担心自己被别人议论、担心别人在背地里讲自己的坏话，虽然也没什么依据，却总是忍不住产生这样的感觉。你有过类似的经历吗？

突然感觉到旁人在议论自己，说自己古怪。对之前都不大上心的事情（比如衬衫从衣服后面露出来，又或者外在形象不佳之类），突然十分在意起来，会觉得非常害羞，也会主动打理自己，甚至自己写在笔记本上的字也害怕被别人看见。

总之，此前不曾在意的很多细节，也许突然就让现在的你感到不安和紧张。

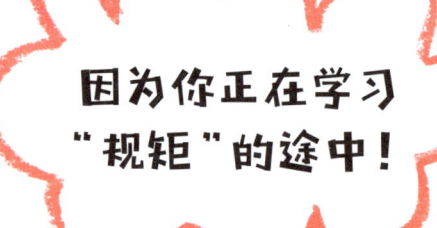 

因为你正在学习"规矩"的途中!

开始在意旁人的眼光,是健康成长的一个信号。这一时期,是孩子们逐渐意识到儿童时期所不能够察觉的"一般性规矩"的时期。但是,由于这时你们还不能够像成年人一样自如地驾驭这些"规矩",因此就会对事件的是非对错、对自己行为的合规性格外在意。

也就是说,并非因为外人在议论你,而是因为你自己过分担心自己会出错,才放大自己内心"我正在被议论"的担忧。

不仅仅是你,在与你同龄的其他孩子中,这也是很常见的。因此,请你不要担心,真的没关系。

在意别人眼光的时期

我非常尊敬猫猫老师,我想成为像他一样的人。

我跟附近很多人都不一样,他们有的很酷,有的就有点儿怪。

小松鼠非常时尚,很可爱。

非常在意旁人的眼光……

也就是说……

别人也在观察我吗?

希望我在猫猫老师眼中是"好孩子",如果他认为我是"坏孩子"的话,那可该怎么办呢?

旁人都是怎样看我的呢?

在很时尚的小松鼠看来,我是不是特别土呢?

"想要被别人称赞"也是一个很好的契机!

你们到了这个年龄阶段,还会萌生出"想要被别人称赞"的情绪。比如"她在朋友当中最漂亮",或者"他是两个班当中跑得最快的人"这种称赞。尤其是当你有了喜欢的人,就更想要让对方感觉到自己很酷或很可爱。

要知道,这是一件非常重要的事情。因为在这种"想让他感觉到我很酷"的心情作用下,你就会在意你的外形,也会努力学习,还会积极运动,待人也亲切起来。于是,这就成了磨砺自己的大好时机。而在这个过程中,你掌握了练习的秘诀,获得了与人为善的勇气,也就逐渐地成长起来了。

因为"想要被别人称赞"而获得成长的例子

马上就是马拉松大赛了,为了让大家都称赞我"特别帅",我要抓紧练习。

在马拉松大赛中获胜。我不仅跑得很快,足球也踢得很好。

我是人见人爱的小孩,当然要让座。

对方很高兴!今后我要坚持给有需要的人让座。

> 如果过分在意旁人的眼光……

在别人看不见的地方，就会想偷懒……

如果得不到称赞，就会不满足……

> 自我鼓励而获得成长！

即使在别人看不见的地方，也要注意自己的行为。试着描绘出"理想的自己"。

通过写日记，可以帮助自己快速跟过去对比，知道自己取得了哪些进步。

但是，需要注意的是，"外人怎么看我"，终究只是个契机，而不是目的。也就是说，不能把"别人是怎么看待我的"当成评价自己的标准。我们应该关注的是自己获得了怎样的成长。今天与昨天相比、明天与今天相比，我们需要时刻为了自己的成长而付出努力。

事实上，那些真正让我们觉得有魅力的人，与那些过分在意外表的人相比，不是更有目标，更不在意旁人的眼光，更坚持做"自己"吗？

会在意别人的眼光，的确是你在成长的一个印证。但是学会超越这些眼光，并坚持逐渐成为"理想中的自己"，才是最重要的事情。

畅谈未来！(下)

你将来想成为怎样的人呢？让我们来展望一下自己的未来吧！

①你将来想成为怎样的中学生呢？

> **这样想一想**
> 小学生和中学生的区别是什么呢？

②你在中学毕业后想去什么学校呢？

> **这样想一想**
> 　　有能够帮助我们更好地钻研学术的学校、有能够提供更多社团活动的学校、有能够提供对未来工作有帮助的培训类学校。调查看看。

步骤 8 很在意别人是怎么看待我的

③你想成为怎样的大人呢?

这样想一想

关于工作和生活方式等都可以纳入考虑范围。

提示 你敬仰的是怎样的人?

这样想一想

如果不能够很好地完成①—③的问题,可以从你所敬仰的人入手。可以是家人、身边的朋友,也可以是名人。想想看,那个人有什么地方值得你敬仰呢?

步骤 9

人际关系的问题有标准答案吗

每一个都是很重要的朋友啊。

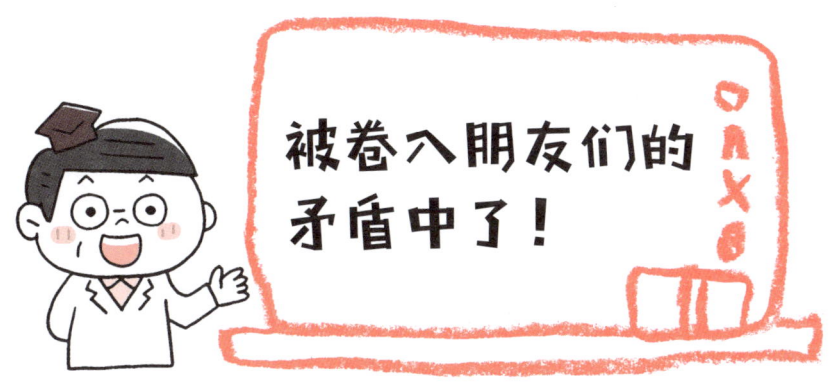

A 说:"最近,B 好像有点儿啰唆啊!"

B 说:"A 真是没有眼力见儿。"

我们好像经常会被卷入朋友们的矛盾中。

有时候,也许你和 A、B 是一个小团体;有时候,也许你和 A、B 分别是好朋友,但他们俩并没有什么交集。当然,也还有其他各种情形。

毕竟是好朋友,互相发几句牢骚也没什么。每当这时,你往往不想激怒任何一方,于是对双方都非常温和。

这里我们举个例子,看看一个六年级学生的作文。这篇作文就如实记述了类似事件,这或许会给大家带来相应的启发吧。

"嗯，说的也是啊"

我有一个小毛病，就是一直在当老好人。因为不想被朋友孤立，所以当他们双方发生矛盾时，有一方找我倾诉，我就会支持他。而当另一方也来找我诉说，我又会对他的意见表示赞同。总之，当一方不在场的时候，我就会偏向另一方。

之前我们分成两组，排练同一个话剧。我自己在 A 组担任主演，为了演好角色，我非常努力。后来 A、B 两组发生了争吵。一方坚持说另一方"抄袭"，另一方则坚决否认。说实话，我自身并不是造成争吵的原因，而且觉得麻烦，并不想牵扯到自己身上。但我作为主演，还是不可避免地被卷到这场矛盾中来。

我自己所在的小组是 A 组，而 B 组中有和我关系特别好的朋友，我不想伤害任何一方。于是在 A 组中听他们的意见时，我予以认同。到了 B 组时，我也是同样的表现。虽然最终事态没有演变得更加严重，我也松了一口气，但是那段不美好的回忆至今仍留在心头。因为害怕自己会担负责任，就一直把"嗯，说的也是啊"这些话挂在嘴边。当然，这也是因为我害怕会伤害到身边的人，说是不想给别人添麻烦，最终还是优先考虑自己罢了。这或许也是以自我为中心的一种表现吧。

　　人为什么要撒谎呢？有时是为了他人，有时是为了自己。但是我撒谎是为了自己，所以这并不是善意的谎言。今后我将不再畏惧后果，不再盲目地随波逐流，而是要勇于明确说出自己的意见。

对每一方都很和善……

和 A 小组的伙伴在一起

和 B 小组的朋友在一起

人际关系的烦恼将伴随我们一生

这是一篇直面自己缺点,充分表达出真情实感的作文,相信会让不少孩子产生"我曾经也有过这种经历"的共鸣。

对此,其实我也感同身受。你也许会问:"哎,你不是成年人吗?"不好意思,成年人有时也会面对自己解决不了的困境。

人际关系本就是很复杂的课题。面对人际关系问题,从来就没有"只要这么做就一定能行"的标准答案。因为,当面对不同的情境,我们的应对方式也必须要随之发生改变。当然,有时我们说出一些怨言或者意见,并不意味着就真心讨厌对方或者想要改变对方,有可能只是希望对方能够倾听我们的话,理解我们而已。

人际关系的烦恼将会伴随我们一生。或许,我们可以说,这正是一个值得人们反复思考的哲学问题。

你我的烦恼

想要得到和别人一样的东西

看到朋友的东西,我也十分想要,就去买了同款,却被说成"是在模仿他",于是就坚持声称"自己是偶然买到的"。

不小心说了谎

为了获得别人"好棒啊"的称赞,不经意就说出一些谎话,比如"我爸爸是飞行员",或者"我哥哥在游乐园工作,所以我可以随便玩"之类的话。

害怕老师

我特别害怕被老师批评。有时候听到老师批评那些没做作业或者逃课的孩子,感觉就像是在批评自己一样,心一直"扑通、扑通"地跳。

被别的孩子讨厌

A同学只对我一个人态度不好。偶然撞到他,我也说了"对不起",他却还是瞪着我。但他对其他同学就不是这样的。

步骤 9 人际关系的问题有标准答案吗

B同学总是一副很了不起的样子，坚决不做那些麻烦的事情。之前要整理足球，明明轮到他值日了，他却推给我，自己回家了。

有的同学很狡猾

不习惯新学校

我是四年级的时候转学的。之前身边都是从幼儿园就一起长大、一直是好朋友的同学。现在我不知道该如何交朋友。

我看到同学违反纪律就去劝告，却被说"装作好孩子的样子"，被他们孤立了。

被说"装作好孩子的样子"

我和C同学一起骑自行车出去玩时，不小心撞到了他。我自己没有受伤，但是他却摔倒了，造成手指骨裂。他因此放弃了一场很重要的游泳比赛。

让朋友受伤了

平均分配点心！

① 画分隔线来给小牛和小猪平均分配点心吧！

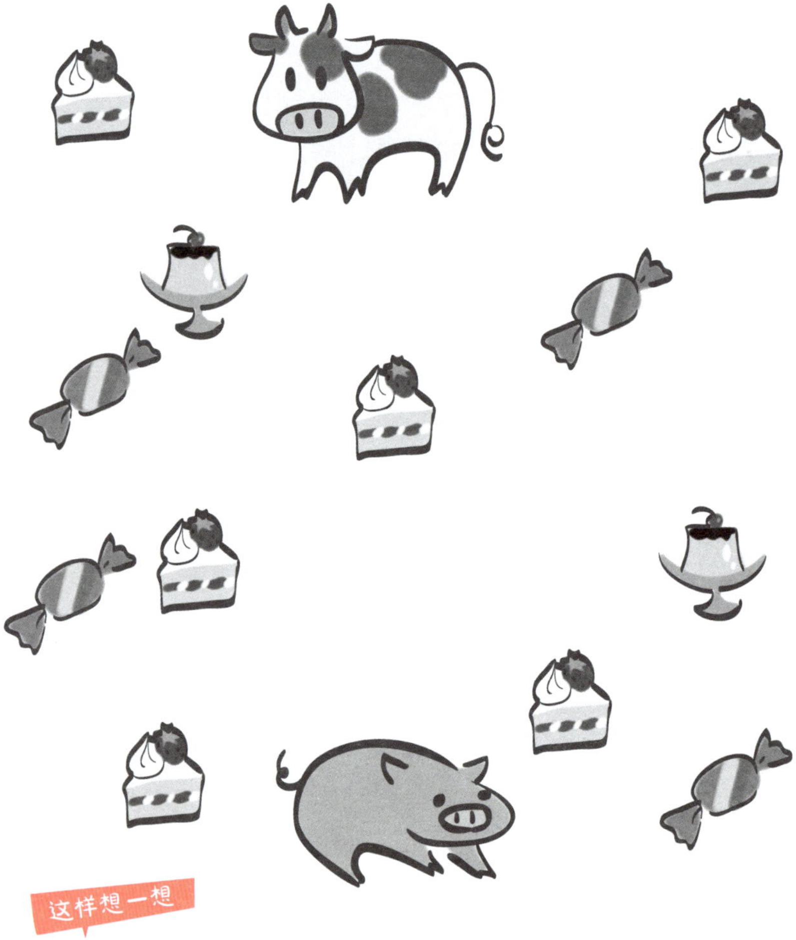

这样想一想

先数清楚点心的总数，再考虑把它们分成几份。

②通过画分隔线来给小牛、小猪和小鸡平均分配点心吧!

步骤 **10**

"即使这样，我们仍要寻找朋友"的理由

人际关系是很复杂的课题

读到这里,你已经看到不少"朋友少一些也没关系"和"朋友关系瓦解了也没关系"这样的语句。这会不会令你感到不安呢?

其实,即使感到不安也没关系。因为这恰恰是你渴望今后的人际关系可以越来越好的证明。从你今后长大成人,直至离开这个世界的那一天,人际关系问题都会始终环绕在你的周围。正因为漫漫人生度过不易,所以唯有结交到真正可以信赖的朋友,我们才能够度过充实的每一天。无论是大人还是孩子,相信每个人都是这样期盼的。

在此,希望大家记住,人际关系问题会每天萦绕在你的心头。它存在于你和身边每一个鲜活生命的交集之中,而且不会消失。这也是我写作这本书的初衷。

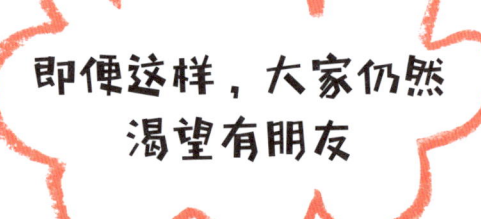

即便这样,大家仍然渴望有朋友

想一想

不论朋友关系瓦解过多少次、不论跟朋友有过多少次纠纷,我们仍然会渴望有朋友。这到底是为什么呢?

这是因为有了朋友,我们才可以得到认同,才能够被需要,才会被人性的温暖所包围。也正因为这样,我们才可以意识到"自己真实地存在于这里"。

这也就是所谓的"存在价值"。

能够让我们感受到"自己真实地存在于这里""自己真实地活着真好",以及"每天努力活着真棒"的,正是人和人的联系。

在构筑人际关系的过程中,证明你正在向着自己的人生迈进。可以说,构筑人际关系的过程,也是我们的人生过程。

感受到"存在价值"的时刻

当别人向我打招呼……

当别人给我安慰……

关于"反思自己"

我刚刚是不是对小松鼠说了很过分的话呢?

我的表达方式太不对了。

下次见面时一定要好好表达歉意才行。

明明跟以前一样闲聊,怎么就这么不痛快呢?

为什么会这样呢?

我又一次言语过激了。

这可实在不怎么酷。

我今后会注意的。

步骤 **10** "即使这样，我们仍要寻找朋友"的理由

小兔同学，你又跟跳鼠同学吵架了吗？

因为他们两个人说话时，情绪都比较容易激动。我也会注意这一点的。

这次远足的分组，我该怎么办呢？

这次远足，我已经跟其他同学约好要在一个小组了。该怎么说才不会伤害到朋友们呢？

通过反思自己，可以在受伤害的时候充分认识到这个事实，还能够自我安慰，于是也就逐渐培养起珍视自己的习惯和自尊心。

113

珍视自己

至此,我已经传授了许多关于人际关系的知识。那么,在构筑人际关系时,什么才是最重要的呢?

那就是"珍视自己"!

珍视自己并不意味着要纵容自己任性妄为,而是在任何时候都不能忘记给自己留出反思自己行为的时间。比如"刚刚的表达方式是不是会惹对方生气呢",或者"对方对我讲了很过分的话,也令我很生气,但我并没有觉得自己哪里做错了"这类反思。

当然,反思自己的结果,有时也会是"我坚持认为自己没有做错"。而每当这时,你就要果断地鼓励自己、肯定自己。

你最忠实的支持者永远是你自己。

如果能够始终坚持正视真实的自己,那么人际关系方面的各种经验(不论是好的经验还是坏的经验),都可以拓宽你人生的维度。你慢慢就会明白,世界上既有这种人,也有那种人。而那些跟自己并不一致的观点也很值得我们去借鉴和学习。

这样一来,坚持正视真实的自己,而且内心日渐丰盈的你,必定能结交到许许多多值得信赖的朋友。因为,"你若盛开,清风自来""你若精彩,天自安排"。

如此,我便也能够相信,你已经可以很好地培养自己的情商力,在这个世界生存下去。

抒发你的所思所想!

① 试着用"喜欢"以外的词语来描绘自己喜欢的事物吧!

这样想一想

喜欢的食物、崇拜的人以及兴趣爱好等都可以纳入考虑范围。

例如:我喜欢果冻的理由——

很Q弹,会动呀动的样子;顺滑的口感;打开冰箱时兴奋的感觉;这是在感冒生病时妈妈会特意买给我的零食,等等。

② 试着用"谢谢"以外的词语来表达对家人、朋友的感谢。

这样想一想

像"晚饭时为我做了喜欢的咖喱饭""总是邀请我一起玩"等等。如果能联想到具体的例子，就更容易表达了。

第104—105页的答案

结语

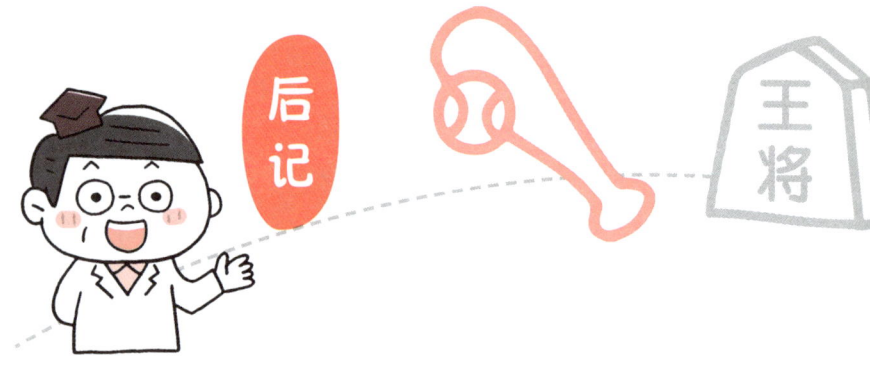

后记

感谢你读到了最后！

相信因为关心人际关系而选择这本书的你，此刻心智已经接近成年人了。而我写作这本书，也是为了让我这个略年长一些的成年人向即将走向成年的你们传达一些"事实真相"。

通过阅读这本书，或许你心灵的负担增加了，又或许你的内心豁然开朗了。但希望你们注意的是，这些都只是你们当下的感受而已。因为人的内心是在不断地变化着的，所以在不同的时期读这本书，你们的感受自然也是不一样的。因此，一旦你在人际交往方面遇到了烦恼，不妨拿出这本书再读一遍，之前漏掉的一些要点，有可能会被你发现。

最后，我衷心地希望你珍惜直面自己内心的时光，一边体会着"人际交往多欢乐啊"，一边度过你今后的人生。

给家长的话

花丸学习会 相泽树

 ## "朋友"是什么

到了小学高年级阶段，有不少孩子开始思考"朋友是什么"这个问题。他们会敏感地察觉到人际关系的微妙，并因此而感到难过，也学会去揣测他人的心思。

无论好坏，孩子们在今后的人生中，即使是成年之后，都无法脱离"朋友"以及"人际关系"这两个关键词。关于这一点，相信家长们应该有切身的体会。

原本人际关系就不是从书本上学来的知识，而是需要从日常生活中体会的经验。

但是，伴随着小家庭（由夫妻及其子女组成的小家庭）的增多，以及出生率的降低，家庭内部由"兄弟姐妹"所构成的"迷你型社会"也逐渐消失。此外，为了组建和谐的班集体，大多数学校都奉行"原则上避免学生之间发生纠纷，一旦发生则由老师介入，迅速妥善解决矛盾"之类的方针。

这样一来，性格温和且自愈能力强的孩子就渐渐失去了体会、学习复杂人际关系的机会。其结果就是，在成为成年人步入社会之后，依然为人际关系所困扰的年轻人正日渐增多。

步入正题，本章的题目正是"'朋友'是什么"。

关于朋友的定义，的确是因人而异，很难得出一个统一的答案。

不过，经过反复思考，我认为以下三点是应该好好向孩子们传达的。

①朋友是由自己决定的。

"大家都是好朋友"的确是很理想的一种状态，但这并不意味着有人可以来命令我们"必须和大家都成为朋友"。而且，强迫孩子与合不来的人交朋友，反倒会催生他们的不和。

另一方面，虽然家长时常强加给孩子"你必须要和他好好相处"之类的意见，但对于高年级的小学生来说，他们已经筑起了父母无法进入的世界。此时的他们难免会受到来自家长和周围朋友的夹板气。

不直接听从周围成年人的意见，自己决定自己的朋友，这才是养成健全人际关系的关键。

②朋友是"无偿"且"对等"的关系。

也就是"尽管不牵扯到任何利害关系（无偿），却总会互相为彼此着想（对等）的关系"。这正是"朋友"的特殊性，是与其他人际关系的区别。

而一旦这种"无偿"且"对等"的关系崩塌，即"朋友"之间产生了利害关系，一方因另一方的牺牲而获得保全的瞬间，朋友关系就开始走向疏离。

③朋友关系十分脆弱。

朋友关系是一种尽管看起来稳定，却会因为某些契机就失去平衡，进而随着时间流逝而自然走向疏远的关系。另一方面，也存在随着时光流逝，有朝一日再相见，突然又回到从前般友好的可能。

说说我自己的经验。一天,我和一位阔别二十多年,在高中时代曾在同一社团的友人重逢。当时,我们两人一个是"专业选手",一个是"替补队员",绝非十分对等的关系。而我们此次再相见,那种关乎"实力"的等级已然不复存在,只是各自祝愿彼此在各自领域取得成绩与身体健康。这让我感受到"无偿"且"对等"的关系。

我想告诉孩子们的是,**当朋友关系疏远时,没必要过分充满罪恶感。**

朋友关系是一种神奇的、会让自己的人生更加丰富多彩的缘分。另一方面,也无须让朋友这个"词语"或"形式"过分约束自己,要学会保持适当的距离。希望孩子们能够逐渐掌握这种动态平衡。

步骤 2　为什么一定要和全班同学友好相处

到了一定的年龄阶段，对"大家友好相处"这句话，孩子们多多少少会有一些排斥。另一方面，很多孩子对这句话怀有"普遍且正义"的印象，他们认为如果对这句话有疑问就会不被理解。"大家友好相处"这句话，一边散发着让孩子们产生上述感觉的能量，一边在他们的世界里存在着。

在本章中，我们就探讨了学校之所以要教导孩子们"大家友好相处"的理由。

到了四岁左右，孩子们开始认识到除了自身之外，其他人也有着各自的空间。比如，他们开始在团体内部玩一些需要遵守团体规则的游戏，也开始理解公共物品不可以独占的事实。我们还可以看到，有些孩子虽然还不能清楚地理解规则是什么，但是却会主动让出物品和空间。这就是"对他人表达善意、体谅"的萌芽时期。

也是从这一时期开始，"大家友好相处"这一观念渗透到大多数孩子的心里。

他们开始形成一个团体，在同一场所使用同一种物品，并为了某一个共同的目标而共同努力前进。他们互相理解，遇到困难时互相帮助。这种最不容易产生压力的模式，也演变成一种理所当然的状态。

这就是让"大家友好相处"的初衷，这种状态在社会生活中显得不可或缺，孩子们也能理解这一点。

另一方面，大多数孩子对"大家友好相处"这句话产生怀疑，是因为这句话本身带有一种"不得不友好"的强制感。

如步骤 1 所讲，小学生到了高年级时开始逐渐摆脱家长的控制，他们此时对被迫进入人际关系感到抵触。同时，当孩子们内部意图通过吵架来解决矛盾时，家长们往往强行用这句话来终止他们的行动，这也是其中的一个原因。

虽然并不是唯一的答案，本章提出应将"朋友"和"伙伴"这两个概念分开考量，从而解决这一问题。

"朋友关系"是由自己的内心决定的、个人的关系。

"伙伴关系"是由共同的目标决定的合作关系。

"伙伴"可以用"团队"一词来替换，这在学校的班级当中非常实用。

而学校里教导的"友好相处"，并不意味着要和"班上全体同学都成为朋友"。而是说，"要和这一年里都是'伙伴'的人一起齐心协力，共同完成各种各样的目标"。这样一来，孩子们"被强迫"的感觉便会减弱。

我和那个人"合不来"

"不擅长积极构筑人际关系"的年轻人正逐渐增加。在当今都市里,"邻里关系"一词消失已久,与居住在隔壁的人相见不相识也变成理所当然的事。"生活在同一个区域,就自然而然会成为熟人"的时代一去不复返了。

也就是说,在讨论是否擅长构筑人际关系之前,构筑人际关系的经验不足,以及对其方式方法"不明所以",才是问题的症结。

对现在的孩子们来说,能使他们与他人结识的场所主要就是学校、兴趣班。但是,如果任由孩子们自由交友的话,很自然的走向就是:他们只选择和那些与自己品味、兴趣、话题都合得来的人交往,并且就停留在这样一个极小的团体里。

人人都有畏惧"不同"的心理。一旦接触到自己不曾有的思想,就会立刻生出警戒心,还会把对方当成"合不来的人",主动远离。相反地,遇见与自己意见相近的人时,就会想要在他们的世界里确认自己的合理性。

"合得来"和"合不来"的判断基准是自己心情是否舒畅,但这也孕育着使自己世界狭窄化的风险。

要知道,世界上不存在任何一个人每时每刻都与你的各种想法百分之百重合。所以,如果过分地一味寻找"合得来"的人,必然导致交友圈子的狭窄化。

并非只是人际关系，如果对工作、学习、生活的方方面面以及社会规则等事务也以"合不来"为理由搪塞疏远，则只会逐渐把自己逼进窄胡同里。

我们的周围环境从来不是为迎合个人理想而存在的。所以，不可避免地，我们总要寻找到某些可妥协的点，做出让步，让自己"顺应"周围环境。

经验丰富的成年人希望向自己的孩子以及身边的年轻人传达的是"以'与自己合不来'为理由而切断人际、职场关系的行为绝不可取。重要的是学会向前跨出一步，实现恰当的过渡"。

此处所说的"顺应"，绝非只带来辛苦。这同时也是一个绝佳的拓宽自己世界的机会。

因为世界上有形形色色的人、多种多样的情绪和思想。我们可以通过他人的经验来丰富自己的见识。而我们自己的经验也会成为其他人的宝藏。正是这样，我们才可以感受到在这个多彩世界生存的趣味。

因此，我希望孩子们不要畏惧，要勇于倾听他人的意见，同时也要学会主动向他人表达自己的想法。

 # 吵架是万万不可的吗

在此并非鼓励孩子们去吵架，只是"无论何时何地都一味被阻止吵架"的话，孩子们将会白白错过令他们成长的机会。

在花丸学习会的野外体验活动中，我们观察了孩子们之间数不清的争执、纠纷。有许多孩子是因为一点儿小事就和对方发生剧烈争执，继而伤心落泪。但是，持续观察这些孩子的表现，就会发现，尽管他们各持己见，但都会主动考虑后果，谋求解决方法。

关于修复关系、和好如初的技能，孩子们并非不了解，而且他们的表现甚至比大人还优秀。在多数情况下，孩子们往往眼泪还没擦干就已经和好如初，变得比以前更加亲密。

而这里所说的修复关系的经验积累就关系到他们今后的交际能力了。对于大人来说，关于孩子们吵架这件事，与其在防患于未然方面操碎心，倒不如相信孩子们自己的解决能力，然后坦然抚慰他们受伤的心灵。

本章想要传达的另外一个要点是，**不能够过分依赖"朋友"**。

虽然有一些孩子把"无论何时，即使上厕所也要一起"当作是"关系好"的表现，但是如果总忍不住用反复的"确认行动"来考验朋友，并且常常感到不安，就接近过度依赖了。

如同我们在步骤 1 所讲的那样，成为朋友的一个必要条件是"对

等"。而为了实现这种对等，彼此独立就显得十分必要。

像那些有着清晰自我的孩子，更容易跟其他也有着清晰自我的孩子保持适度距离地相处。而那些尚且不明确自我的孩子，则更倾向于在朋友中寻求安全感。所谓"一起做点儿什么"，说明孩子也许正处在寻找真正朋友的途中。

每个孩子都有着自己的成长阶段和特性。因此，不存在"落后"这一问题。希望他们能够明白，不仅要在维持友谊上努力，还更应该着眼于自身，了解自己所适应的人际关系模式。

不只是吵架，有时因为分班、班级活动等某个契机，原本很要好的朋友就变得疏远了。

"没必要过度恐惧变化，人际关系的常态就是变化。"如果能明确、接纳这一点，对于特定的人过度依赖的程度就会减轻，也能够发展出更广泛的人际关系。

 **步骤 5　不小心伤害到朋友了**

有时候，我们容易感情用事，一不小心就出口伤人。而对待越亲近的人，我们越容易犯这种错误。这种麻烦往往发生在亲子或兄弟姐妹之间。

虽然由于当时过分激动而"一时失言"，但事后冷静下来，却为"我为什么就说出那种话呢"而万般后悔的例子屡见不鲜。也有些时候，尽管自己并没有恶意，但说出的言语却伤害到对方。而当时越情绪化，事后冷静下来，羞耻感就越强烈。

每个人都避免不了犯这种错误。本章的目的就是要告诉孩子：**伤害到对方之后该如何行动呢？**

反省尽管痛苦却十分必要。

没有考虑过"对方受到言语攻击后会作何感想"的道歉是缺乏诚意的，而且非常表面。此外，这个时候也有利于孩子充分认识到"自己的言语会伤害到对方"的事实，并且意识到今后不可再犯。

只是，虽然对孩子来说这是个残酷的事实，**有些时候即便他做出深刻反省以及真挚道歉，对方依然不愿意原谅他。**但是，与"是否会被原谅"这一结果无关，**只要他认识到自己的言语伤害到对方，就应该负起直面对方真实想法与态度的责任。**

有了这种心理准备，随着时间的流逝，就会产生期待这段关系可以自然恢复的心情吧。

但是，有时候，即便表面上恢复了原本的友好关系，两人内心还有可能留下芥蒂。为了将"对等"的关系继续下去，有必要让对方看到他的诚意。孩子们都是希望能够跨越不安、恐惧和羞耻，带着勇气去和对方友好相处的。

话说回来，其实大多数时候，孩子们发自内心的"抱歉"都是会被对方坦率接受的。因为孩子们对自己让对方受到伤害这一事实的充分认识，本身就是一剂很好的安慰剂。

就如"不打不相识"这句话所表达的那样，也许当朋友关系出现裂痕时，正是因为孩子们愿意深刻地理解对方，彼此的关系才变得比以前更加亲密呀。

步骤 6　不赞同"少数服从多数"

"少数服从多数"是有多人在场且需要做出决定时的一种有效手段。在学校这种需要汇总许多孩子意见的地方，"少数服从多数"更是被频繁使用。相信大家都有这种经历，如果"少数服从多数"的结果跟自己所期望的达成一致，就会很兴奋，而如果结果与自己所期望的相悖，则免不了伤心落泪。

虽然"少数服从多数"有着"一人一票，公平收集全体意见"的优点，却并非万全之策。比如，在正式投票前就已经出现"肯定是某某了"之类的声音，于是周围出现不便再表达其他意见的气氛。还比如，有的人通过观察现场情况，为了不起摩擦，就压抑自己真实的感受，表现出"我也是多数派"的样子。在这种情况下，孩子们面对"少数服从多数"的结果与自己内心真实意见的分歧时，往往是十分纠结的。

希望孩子们能够理解，**实行"少数服从多数"的前提之一是"每个人都经过认真思考"。**

也就是说，大家不能轻易地从众，更不能任意投出反对票。

大家要明确自己作为一名投票者所肩负的责任。一旦有了这种自觉，就不容易随波逐流，也不容易为周围的意见所迷惑。只有这样，才能够实现平等公正意义上的"少数服从多数"。

此外，**既然孩子事先同意采用"少数服从多数"的决定方式，那么，无论结果怎样，他都必须接受。**而当你尝试着敞开心扉，去接纳那些不同观点时，孩子的世界也许就会变得宽阔起来。

与此同时，大家要通过经验教训慢慢认识到，**由"少数服从多数"所做出的决定未必就是"正确"的。**古往今来，以"多数人意见"为依据所实施的政策，最终给包括其支持者在内的许多人招来不幸的悲剧也数不胜数。

不断回顾曾经做出的决定，并根据现实变化不断调整，的确是一件耗费心力的事。但是，请不要忘记，"少数服从多数并不是目的"，而是"为了达成目的所选择的手段"。

理想的状态应当是，一边向着决定好的方向前进，一边不畏变化和再思考，不断往更好的方向调整。

 # 男生和女生一起玩会被嘲笑

大概持续到入小学之前，孩子们是能够以满不在乎的口吻说出"我喜欢某某女孩儿"或"将来我要嫁给某某男孩儿"这些话的。后来，伴随着年龄的增长，他们开始渐渐意识到性别差异，而到了小学高年级阶段，则迎来了对异性产生强烈感觉的时期。这时，青春期也就到来了。

将小学生按照年级划分进行观察的话，会发现嘲笑与异性一起玩耍的行为多发生在四年级阶段。到了六年级以后，他们会认识到"还发生过那种事情啊"。而刚巧，儿童与成年人之间的界线正与孩子们这段对性别差异过度敏感的时期重合。

首先要告诉孩子们的是，**对异性有感觉是再正常不过的事情。**

有些孩子会因为对对方有好感而主动去与之交流，也有一些孩子会假装漠不关心，故意设置双方的距离。而在青春期门口徘徊的孩子，多数属于后者。

因此，就不免发生一边对那些"跟自己不同"，能够和异性友好相处的孩子投去羡慕、好奇眼光，一边又去孤立他们的现象。

在这里多说一句，我在小学四年级的时候遇见了初恋。当然，我也是选择假装漠不关心的一派。但是我却对那些能够毫不忌惮直言喜欢那个女孩子的朋友产生了强烈的嫉妒。现在回想起来觉得自己很不应该，但当时就是那样一个时期呀。

当然，到了青春期也完全不必刻意避开异性。相反地，若是因为顾及旁人异样的眼光而中断了友谊，这才是可悲的。**最重要的是，我们要敢于正视，不论异性还是同性，"他是我最重要的朋友"这一事实。**

朋友都是通过交流，才互相了解得越多越好，当然这里是不存在同性和异性的差别的。

此外，异性朋友还能以他们作为异性的角度，来帮我们发现自己所察觉不到的一些事情。

总有一天，我们每个人都会知道，**所有的人际关系都不过是"一期一会"**，也都会体会到再也见不到的悔意。因此，尽早了解"一期一会"这个道理，学会珍惜当下的每一段友谊，才能帮助我们在人际交往中不断增长知识和见识。

很在意别人是怎么看待我的

十分在意旁人的眼光是青春期的一大烦恼。这时，我们往往容易陷入"别人究竟如何看我"的旋涡而无法自拔。

这是十分正常的成长过程。正是因为开始在意旁人的眼光，我们才开始注意自己的外表，即使平时书写很潦草的孩子也会开始认真做好笔记。也就是说，这是孩子们逐渐掌握社会规则的一个时期。

正因为处在这一时期，孩子们才会格外注意自己的行为正确与否。

在大多数情况下，尽管外界并没有注意我们，但出于不自信，却强烈怀疑"别人也许正在审视着自己"。

此时，面对这些情况，家长大多因为觉得"外表怎么样都好，内在才最重要"而备感焦虑。话是这么说，但是请家长朋友们回顾一下自己当年处于这个时期时的情形。我们当年开始认识到"内在大于外在"这个道理，也是需要再成长一段时间的。

由于这是孩子们极其渴望来自外界的"受欢迎""被赞美"的时期，所以家长们不妨换一种稍微长远的眼光来关怀他们。再过一段时间，他们就会认识到"为了受欢迎必须付出相应的代价"，以及"仅注重外表是远远不够的"这些事实。尽管目的不纯，但**"为了变成更好的自己"**而去开动脑筋，并付诸行动，终归是一件好事。

只是，**最终能够成为我们自我评价标准的**，从来不是"别人怎看我"，而是我们如何诚实地度过自己的每一天，如何向着既定目标**不断地成长和进步**。家长不妨试着告诉孩子，"跟上一周相比，你已经取得了进步"，或"我能确实体会到你的成长"。

此外，当你发现自己的孩子热衷于某件事情时，一定要积极支持和守护他们。因为当他们全身心投入某一件事情时，是更容易体会到自己的成长过程的。

有意思的是，那些自身很有魅力，总是被崇拜和羡慕的孩子，跟那些为了使自己更受欢迎而不断努力的孩子相比，显得更加不在意外界的眼光，总是专注地做自己。这难道不正是因为这些孩子能真切体会到自己的成长过程，能够对自己充满信心，从而跟他人相比时也就能够更加镇定、从容吗？

# 人际关系的问题有标准答案吗

在本书的写作过程中,我们采访了许多孩子。其中大部分表示会因为"被卷入到朋友们的矛盾中"而感到困惑和烦恼。在本章中,我们列举了一篇小学六年级学生的作文,其中就直接如实地表达了这种烦恼(详细内容见正文部分)。

但同时,我们却并没有写出解决孩子们的这些烦恼的具体答案。

无法明确"什么是正确答案",是我对"人际关系问题有标准答案吗"这一问题的如实回答。

在此,还希望大家能够明白,这种烦恼是世界上所有人都会遇见的再正常不过的烦恼。也就是说,实在不必对它们过分在意。当然,有一些烦恼是不分大人和小孩的,是大家都会有的。还有一些关乎"人际关系"的烦恼则是儿童世界里所特有的。在此,我们列举家长们广泛反映的"无法理解自己孩子言行"的两种烦恼来进行说明。

1. 过度敏感

过度揣测他人内心,就会伤害到自己。比如,有的孩子会因为目睹大人批评其他孩子(那种其实并无不妥的场面),受此场景和言语刺激,就感到难过,或者从此对大人心生畏惧。这多发生在那些心思敏感、想象力丰富的孩子身上。

这种情况,由于孩子本身并不是当事人,只是间接受到影响,所

以他们自己也很难解释清楚自己为什么会感到难过。当孩子开始不愿去学校学习，却无法说明原因时，我们家长或许就该往这个方向去考虑了。而对很多孩子来说，只要你对他们的畏惧、感伤给予理解，他们的心情就会重新变得晴朗。

孩子们在小学低年级时所遇到的大多数烦恼，在他们迎来青春期的时候，就自然而然烟消云散了。

2. 一直说谎

尽管说谎本身就不是件值得称颂的事情，因为说谎而导致孩子们的友谊出现裂痕的事例也着实屡见不鲜。

当孩子处在幼儿期，这其中一个难题是他们自己尚且不明确"谎话"和"空想"的区别。也就是说，其本人并不是有意识要说谎的。当孩子有这种倾向时，家长是否要纠正？这需要具体情况具体分析。但在多数场合，随着孩子的成长，他们自己会逐渐理解其中的区别，并减少说谎的频率。

到三年级的时候，为了自我保护以及营造优越感，开始有意识说谎的孩子不断增多。在成长过程中，虽然说谎在某种程度上可以看作是孩子进行复杂思考的证据，但我们还是尽可能地不要把它归类到成功的体验里。

理想的改善方法是，让说谎的当事人自己产生罪恶感，让他们自己体会到"说谎最终伤害到的还是自己"。比如，我们经常会听到这样的事情，就是当自己的谎言极大地影响到别人，导致事态越来越严重时，孩子们开始意识到"真糟糕"，从而主动站出来为自己说谎的行为道歉。

对家长朋友们来说，孩子们故意说的谎，往往是比较容易识破的。说起来是有点儿残忍，一旦发现孩子们在说谎，就应该直截了当地告诉他们"说谎是很不应该的"。但要避免一遍一遍没完没了地说，引导他们认识到"自己做了不该做的事"才是重点。

家长朋友们往往认为"因为是他们的父母，所以想要理解（或是必须要理解）他们"。而这也正是亲子间"人际关系"的烦恼滋生点。

如果我们能够想到"即便是亲子，也仍是他人"，能够稍微拉开距离去客观地观察孩子，那么我们就可以发现，孩子存在问题的同时，也存在很多的闪光点。

"即使这样,我们仍要寻找朋友"的理由

"朋友少一些为好。""友谊破裂也没关系。"诸如此类的道理,对孩子来说,或许算不上是促成和谐人际关系的良方。

但是,对于小学高年级阶段的孩子来说,他们真正想了解的已不是单纯好听好看的某个答案了吧。他们真正需要的是案例鲜活、贴近真实的文章。至少,当我还是孩子的时候,自己所怀的正是这种想法。

建立人际关系之路,原本就不是一帆风顺的。希望大家在知晓这一点的基础上,能够坚信人际关系丰富多彩,未来也无可畏惧,从而更好地去漫步自己的人生。

不论我们的人际关系遇挫受阻多少次,我们都还会重新邂逅新的朋友,收获新的友谊。这一点是要到一定年龄之后,终于知道**"人们会互相伤害,更会互相治愈"** 的道理后才能够体会的。

问题在于**我们总是把自己存在的价值投注在他人身上。往往唯有被他人需要、被他人称赞、被他人温柔相待,我们才能在这个世上明确自己的位置,才能安心。**

即使一度受伤也能再次与人建立联系,这依靠的是"内心修复力"。而这种"内心修复力"的养成,正是依赖于丰富的人际关系经验。积累的人际关系经验越多,自然就能获得更强大的力量。比如**孩子们在人际关系中体会到越多的争吵、和好、伤害和受伤,那么他们的"内心修复力"往往也就越强。**

花丸学习会之所以把不同年级的孩子组织到一起开展野外体验活动，正是基于这方面的考虑。希望孩子们在"初次见面"的陌生环境中，获得这种带有一定心理负担的人际关系体验。花丸学习会在培养孩子们的"内心修复力"方面，奉行的是**"争执即养料"**方针。

最后，我想向孩子们传达的是：**珍视自己。**

这本书里面也写到"珍视自己"并不意味着"纵容自己任性妄为"，而是要重视自己的内心世界。

有时，即使直面痛苦和烦恼也仍然没有答案，那最后还可以告诉自己："没关系，我喜欢我自己。"也就是说，**自己要成为自己最强大的后盾。如此，遇到越困难的局面，所获得的支持就越大。**

我们大人的职责就是，成为孩子们掌握这种能力的支持者。具体来说，我们可以成为孩子们内心活动的代言人。我们可以**把"这样的你就很好"之类的信息转换成语言，不断地传达给他们。**总有一天，这种信息会牢牢地刻在他们心上。于是，他们终于成长为坚信"这样的你就很好"的人。